海南省高校思想政治工作中青年骨干队伍建设项目经费资助

海南省高等学校科学研究项目"海南国际旅游岛建设过程中意识形态安全研究"（项目批准号：Hnky2021-46）项目成果

海南医学院2023年度教育科研项目"医学研究生思想政治教育模式研究"［项目批号：HYZD（Y）202305］项目成果

知库

政治与哲学

——

大数据时代
高校意识形态安全建设研究

邹庆华　邹晓华　著

九州出版社

JIUZHOUPRESS

图书在版编目（CIP）数据

大数据时代高校意识形态安全建设研究／邹庆华，
邹晓华著．－－北京：九州出版社，2023.12
ISBN 978－7－5225－2548－8

Ⅰ.①大… Ⅱ.①邹… ②邹… Ⅲ.①高等学校—社
会意识形态—思想政治教育—研究—中国 Ⅳ.①G641

中国国家版本馆 CIP 数据核字（2024）第 033629 号

大数据时代高校意识形态安全建设研究

作　　者	邹庆华　邹晓华　著
责任编辑	王丽丽
出版发行	九州出版社
地　　址	北京市西城区阜外大街甲 35 号 （100037）
发行电话	（010）68992190/3/5/6
网　　址	www.jiuzhoupress.com
印　　刷	唐山才智印刷有限公司
开　　本	710 毫米×1000 毫米　16 开
印　　张	13
字　　数	175 千字
版　　次	2024 年 5 月第 1 版
印　　次	2024 年 5 月第 1 次印刷
书　　号	ISBN 978－7－5225－2548－8
定　　价	85.00 元

前　言

　　文化全球化过程中，随着现代信息技术的迅速发展，加剧了各国对意识形态话语权的争夺。大数据给社会生活各个领域带来巨大变革，网络舆论场日渐成为意识形态斗争的主战场，与此相适应，各国在国家安全观中出现了"意识形态安全"的概念，意识形态安全成为国家利益和国家战略的重要内容。高校是开展意识形态安全建设工作的前沿阵地，其根本任务是培养中国特色社会主义事业建设者和接班人。大数据时代，高校意识形态安全建设面临治理困境、思维困境和认同困境。党的二十大报告指出，要牢牢掌握党对意识形态工作领导权，全面落实意识形态工作责任制，巩固壮大奋进新时代的主流思想舆论。高校既要利用大数据时代带来的技术优势，着力提高社会主义意识形态对大学生的引领，又要积极应对当前面临的诸多挑战，不断增强对西方意识形态渗透的抵抗能力，以实现维护高校意识形态安全和完成高校立德树人的根本任务的内在统一。

　　本书以大数据时代为背景，以高校意识形态安全为主线，通过哲学、政治学、社会学、教育学和心理学等多学科的交叉、综合研究，科学阐释大数据时代高校意识形态安全建设的重要性，在系统分析大数据时代高校意识形态安全面临的机遇与挑战的基础上，提出大数据时代高校意识形态安全建设的策略，为党和政府提供决策依据，进而提升高校师生对马克思主义意识形态的认同，维护国家意识形态安全，巩固党的领导，增强民族凝聚力。我们希望本书为广大读者系统地理解意识形态安全概念、全面认识大数据时代高校意识形态安全的重要意义提供一些有价值的参考或有益的启发和借鉴。

目　录
CONTENTS

第一章　绪　论…………………………………………………… 1

一、研究背景与研究意义………………………………………… 1

（一）研究背景………………………………………………… 1

（二）研究意义………………………………………………… 4

二、国内外研究现状……………………………………………… 5

（一）国内研究现状…………………………………………… 5

（二）国外研究现状…………………………………………… 9

三、研究思路与研究方法………………………………………… 11

（一）研究思路………………………………………………… 11

（二）研究方法………………………………………………… 11

四、研究的重点与难点…………………………………………… 12

（一）研究的重点……………………………………………… 12

（二）研究的难点……………………………………………… 12

第二章　大数据时代高校意识形态安全的学理分析…………… 13

一、大数据的内涵及特征………………………………………… 13

（一）大数据的内涵 ……………………… 13

（二）大数据的特征 ……………………… 14

二、意识形态的概念与功能 ………………… 16

（一）意识形态概念 ……………………… 16

（二）意识形态特征 ……………………… 25

（三）意识形态功能 ……………………… 28

三、意识形态安全概述 ……………………… 31

（一）意识形态安全的概念 ……………… 31

（二）意识形态安全的内容 ……………… 33

（三）中国共产党人意识形态安全思想 …… 39

（四）西方国家意识形态安全建设的基本特征 …… 71

四、大数据时代高校意识形态安全建设的重要意义 …… 76

（一）维护国家意识形态安全的前提 …… 76

（二）巩固中国共产党执政地位的重要保障 …… 78

（三）推动中国特色社会主义文化建设的力量 …… 80

（四）建设中国特色社会主义大学的政治保证 …… 81

第三章　大数据时代高校意识形态安全建设的现实状况 …… 84

一、高校意识形态安全建设的历史演进 …… 85

（一）探索起步阶段（1949—1956） …… 85

（二）全面发展阶段（1978—2012） …… 86

（三）巩固完善阶段（2012至今） …… 89

二、高校意识形态安全建设的基本经验 …… 95

（一）坚持指导思想一元化，反对指导思想多元化 …… 96

（二）构造严密的宣传、组织体系 …… 99

（三）组建政治素质过硬的意识形态教育队伍 ……………… 101

三、大数据时代高校意识形态安全建设的现状……………… 103

（一）大数据时代高校意识形态安全建设存在的突出问题 … 103

（二）大数据时代高校意识形态安全建设存在问题的原因 … 108

第四章　大数据时代高校意识形态安全建设面临的机遇与挑战…… 117

一、大数据时代高校意识形态安全建设面临的机遇……………… 117

（一）大数据技术成为把握大学生思想动态的重要手段 … 117

（二）大数据拓展了高校意识形态建设的宣传平台与渠道 … 119

（三）大数据增强了高校意识形态教育的吸引力和感染力 … 121

二、大数据时代高校意识形态安全面临的挑战………………… 123

（一）冲击了马克思主义意识形态在高校的主导地位 … 123

（二）加大了高校意识形态安全监管的难度 ………… 126

（三）动摇了传统高校意识形态传播模式 ………… 128

第五章　大数据时代高校意识形态安全建设的对策……………… 131

一、大数据时代高校意识形态安全建设的原则……………… 131

（一）坚持马克思主义在意识形态领域指导地位的原则 …… 131

（二）坚持党对高校意识形态安全建设的领导原则 ……… 135

（三）坚持高校意识形态安全建设"以人为本"原则 …… 140

（四）坚持主导性与多样性相统一的原则 ………… 143

二、大数据时代高校意识形态安全建设的机制……………… 145

（一）建立高校意识形态安全建设监督管理机制 ……… 145

（二）健全高校意识形态安全建设舆论导向机制 ……… 152

（三）建立高校意识形态安全建设预警机制 ………… 156

三、大数据时代高校意识形态安全建设的途径和方法 …………… 161

（一）加强网上马克思主义理论阵地建设 ……………… 161

（二）强化思想政治理论课主渠道作用 ……………… 166

（三）创新高校意识形态教育方法 ……………… 169

（四）发挥党团组织作用 ……………… 172

（五）加强高校意识形态工作队伍建设 ……………… 178

（六）健全高校意识形态安全建设管理体制 ……………… 180

（七）优化高校意识形态安全建设环境 ……………… 183

结　论 …………………………………………………… 188

参考文献 …………………………………………………… 190

第一章　绪　　论

一、研究背景与研究意义

（一）研究背景

信息网络技术已成为现代科技中最有生机和活力的领域，成为深刻改变现代人生存方式、最具有现代性意义的科技力量。随着网络信息技术的突破性发展，网络正在把人类带入一个以信息网络为核心资源的大数据时代。网络在为人类展现一幅美好的"数字化生存"前景的同时，也带来了文化退步、知识贫乏和信息污染。在巨大的经济利益获得背后，隐藏的是人文价值的残缺，信息丰富、超载的背后是庸俗文化、精神垃圾的肆虐，技术主义和工具理性对技术的盲从和崇拜导致对人的全面发展的漠视与偏离。由于中国的社会性质和在世界上所处的特殊地位，国内外敌对势力利用网络武器散布丑我、毁我的言论。因此，我国也在打"一场没有硝烟的战争"。大数据时代，网络已经成为各种意识形态和价值观传播、争夺的主阵地。在这个阵地上，目前起主导作用的还是以美国为首的西方发达国家。它们凭借着占有绝对优势的技术传播手段，不遗余力地向世界各国特别是社会主义国家大量输出西方的政治制度、价值观念和生活方式。运用大数据采集技术和分析技术掌握我国受众的思想动态，进而获取大量舆情动态数据，并进行准确认知，进而有针对性地制定意识形态渗透方案，这对我国意识形态安全构成严重威胁。由此可见，大数据时代，社会思潮的复杂性、多样性、易变性和广泛传播必然对国家意识形态安全、国家软实力产生深刻的影响。如何加强我国意识形态安全建设，增强社会主义意识形态的吸引力和凝聚力，提高社会主义意识形态对各种社会思潮和思想观念的驾驭整合能力；如何结合我国当前社会主义初级阶段发展的实际、中国国情、党情、世情、民情强化舆论引导，维护社会和谐稳定和意识形态安全；如何运用大数据的收集技术和分析技术对网络空间的信息进行实证采集、揭示网络空间信息的多层面特征，构建网络空间的信息监测数据库，为维护好网络空间的意识形态安全创造条件是值得深入探讨的现实问题。

　　进入 21 世纪以来，尤其是自党的十八大以来，我国意识形态安全面临着纷繁复杂的国际国内形势，党和国家越来越重视意识形态安全建设。习近平总书记强调，"必须清醒地看到，新形势下我国国家安全和社会安定面临的威胁和挑战增多，特别是各种威胁和挑战联动效应明显"[1]。党的二十大报告指出："意识形态工作是为国家立心、为民族立魂的工作。牢牢掌握党对意识形态工作领导权，全面落实意识形态工作责任制，巩固壮大奋进新时代的主流思想舆论。"[2] 2018 年，习近平总书记在全国网络安全和信息化工作会议指出："必须敏锐抓住信息化发展的历史机遇，加强网上正面宣传，维护网络安全。"[3] 2019 年 1 月 25

---

[1]　习近平:《习近平谈治国理政》，外文出版社，2014，第 202-203 页。

[2]　习近平:《高举中国特色社会主义伟大旗帜 为全面建设社会主义现代化国家而努力奋斗——在中国共产党第二十次全国代表大会上的报告》，人民出版社，2022，第 43 页。

[3]　习近平:《敏锐抓住信息化发展历史机遇 自主创新推进网络强国建设》，《人民日报》2018 年 4 月 22 日第 1 版。

日，中共中央政治局在人民日报社就全媒体时代和媒体融合发展举行第十二次集体学习。习近平总书记指出，"没有网络安全就没有国家安全""随着 5G、大数据、云计算、物联网、人工智能等技术不断发展，移动媒体将进入加速发展新阶段。要坚持移动优先策略，建设好自己的移动传播平台，管好用好商业化、社会化的互联网平台，让主流媒体借助移动传播，牢牢占据舆论引导、思想引领、文化传承、服务人民的传播制高点。"① 这些论断深刻阐明了意识形态安全建设的重要作用，科学确定了意识形态安全工作的定位，并指明了意识形态工作"为什么"的重大问题。

高校作为我国社会主义意识形态安全建设的主阵地，作为各种思想文化交流、交融、交锋的桥头堡，伴随大数据时代的来临，高校意识形态安全建设变得越来越重要。大学生是祖国的未来和民族的希望，是中国特色社会主义事业的建设者和接班人。正如习近平总书记所说，青年兴则国家兴，青年强则国家强。我们党自成立之日起，就始终代表广大青年、赢得广大青年、依靠广大青年。在纪念五四运动 100 周年大会上，习近平总书记再次强调，"青年是整个社会力量中最积极、最有生气的力量，国家的希望在青年，民族的未来在青年。新时代中国青年处在中华民族发展的最好时期，既面临着难得的建功立业的人生际遇，也面临着'天将降大任于斯人'的时代使命。新时代中国青年要继续发扬五四精神，以实现中华民族伟大复兴为己任，不辜负党的期望、人民期望、民族重托，不辜负我们这个伟大时代。""要树立远大理想，树立对马克思主义的信仰、对中国特色社会主义的信念、对中华民族伟大

---

① 习近平：《加快推动媒体融合发展 构建全媒体传播格局》，《求是》2019 年第 6 期，第 2 页。

复兴中国梦的信心，到新时代新天地中去，让青春在创新创造中闪光。"① 大学生作为高校意识形态安全建设的主体，正处于社会主义意识形态和价值观形成的关键时期，他们成为意识形态"战争"争夺的重要对象。为此，大数据时代必须加强高校意识形态安全建设，用社会主义意识形态统领社会思潮，提高大学生意识形态的选择能力，自觉抵制西方社会思潮的消极影响和侵蚀，坚定马克思主义信仰，从而成为合格的社会主义建设者和接班人，为实现中华民族伟大复兴的中国梦而努力奋斗！

（二）研究意义

1. 学术价值

第一，拓宽意识形态建设问题的研究视角。研究大数据时代高校意识形态安全建设问题有利于拓宽意识形态问题的研究视角，为从事意识形态领域研究的学者提供新的研究思路。

第二，有助于深化对意识形态安全问题的研究。学术界对于大数据时代意识形态安全的特征、规律、模式等的科学化研究较少。本书在对大数据时代高校意识形态安全面临的挑战、存在的问题与对策的分析与探究中，形成较为完整的理论框架和发展范式，以进一步细化、深化高校意识形态安全问题的研究，为国家决策和相关部门意识形态教化提供理论支撑。

2. 应用价值

第一，为巩固和加强马克思主义执政党意识形态领导权，保障国家意识形态安全，实现执政党意识形态的科学化，增强马克思主义意识形

① 习近平：《习近平在纪念五四运动 100 周年大会上的讲话》，《人民日报》2019 年 5 月 1 日第 2 版。

态的吸引力和凝聚力提供有价值的参考和决策依据。

第二，探索大数据时代高校意识形态安全建设的实现理路，提出具有可行性和可操作性的策略，有助于我党和高校据此制定政策措施，加强高校意识形态安全建设，增强大学生对我国主流意识形态的认同感，提高新时代高校意识形态安全建设水平。

二、国内外研究现状

（一）国内研究现状

我国理论界、学术界对意识形态的研究始于改革开放后。20 世纪 80 年代中期，主要是从社会主义建设时期正反两方面经验教训和改革开放伟大实践，对中国特色社会主义理论特别是邓小平理论进行论证（中央文献研究室，1984）。

20 世纪 90 年代初，开始对意识形态、社会主义意识形态的内涵、性质、功能、作用等基本理论的研究（俞吾金，1993；宋惠昌，1999；郑永廷，1999）。研究成果虽呈逐年上升态势，但幅度不大。

进入 21 世纪以后，研究内容日益贴近社会主义现代化建设实际，研究内容广，涉及学科广，聚焦问题实，理论分析透。在意识形态建设这个问题领域中，近年来意识形态安全问题得到了特别关注。搜索国家图书馆"文津"图书和中国知网，至 2022 年底，题目包含"意识形态安全"字段的图书 23 本，论文 2011 篇。从数据中可以看出，相对于意识形态论著逐年增多的发表数量，意识形态安全问题的研究尚有非常大的研究空间。总体来说，学术界关于意识形态安全的研究主要从以下几方面展开。

1. 关于意识形态安全内涵的研究

目前学术界关于意识形态安全的概念至今未能有统一的界定。对意识形态安全内涵的研究，主要有以下三种观点。一是从意识形态安全本身的合理性角度来阐释。如袁三标（2010）认为，"意识形态安全"是指社会主义核心价值体系不受内、外部消极因子的威胁、侵蚀、同化。石云霞（2012）认为，意识形态安全就是指统治阶级的思想观念能够抵御外界侵蚀，保证其有序和谐发展，是国家安全的本质体现。二是从意识形态安全的地位来界定。如赵欢春（2014）认为，意识形态安全是国家主流意识形态的地位不受外界颠覆，而保持其和谐与稳定的能力或状态。三是从意识形态安全的组成部分来进行解释。如张素云（2014）认为，我国意识形态安全内容包括政治安全、道德安全、民族精神安全等，其核心是以马克思主义为指导的社会主义意识形态的安全。

2. 关于意识形态安全战略地位的研究

学者普遍认为意识形态安全是国家安全系统的重要组成部分。王存福（2011）认为，国家意识形态安全关乎社会主义国家命运。它由经济基础决定，当意识形态适应经济基础要求的时候，就会促进经济社会的良性发展，反之，就会成为经济社会的阻力。骆郁廷（2014）认为，文化话语权是一个国家传播本国文化话语，维护本国文化安全、主导本国文化发展、维护本国根本利益的权力。侯惠勤（2014）认为，思想领导权的实现路径就是抢占话语权，要坚持用马克思主义意识形态话语权确立根本话语方式，坚持客观真理及哲学唯物观立场，对抗"普世价值"。

3. 关于意识形态安全面临挑战的研究

学术界对当前我国意识形态安全的基本状况、面临挑战等问题进行了多方面分析。如高桂云（2011）认为，"意识形态终结论"削弱人们的马克思主义信仰，文化霸权鼓吹消费主义，冲击主流文化，西方新自由主义思潮扩张威胁共产党执政的意识形态。任洁（2012）认为，马克思主义意识形态面临着非科学意识形态观的挑战，主要有意识形态过时论、意识形态中立论、意识形态虚假论，西方的"和平演变"进程加快。陈如明（2012）认为，大数据给网络安全、政府监管带来了挑战，我们的数据安全正面临着"高级持续性安全威胁"。吴家庆（2015）认为，西方国家通过数据库进行意识形态渗透，大数据的汇聚整合与关联分析力度不够，影响意识形态安全。

4. 关于意识形态安全建设的对策研究

学者们见仁见智，从不同角度提出我国意识形态安全建设的对策。①从前提、思路和建设方式来看，秦宣（2009）提出意识形态安全建设的必要前提是进一步解放思想，建设方式要更加积极、灵活和全面。徐成芳（2012）认为，要从根本上确立意识形态安全的国家战略，推进意识形态立论、驳论、攻辩、创新、引领工作，使问题在意识形态领域内解决。刘胜良（2014）认为，在全球化背景下，维护我国意识形态安全，要始终坚持以马克思主义主流意识形态为指导，遵循主动性原则、包容性原则和整合性原则。②从文化软实力建设角度来看，王岩（2011）提出，要提高文化自觉，树立文化安全新理念，弘扬中华文化，发展与世界大国相称的文化国力，抵制文化霸权，维护文化安全。③从应对网络时代挑战的角度来看，杨立英（2007）认为，通过构建具有中国特色的网络宣传体系，增强马克思主义的说服力和战斗力，确保国家安全。陈东冬（2014）认为，重视网络新兴媒体的引领作用，形成"网络问政"的有效、常态机制，打造信用政府。王超（2015）提出，把马克思主义的传播与大数据的特征相结合，充分利用大数据收集、分析及预测的能力，加强社会主流意识形态的凝聚力，抵御西方意识形态的侵袭。④从经验借鉴角度来看，胡连生（2008）研究了苏东社会主义国家意识形态安全的历史，并提出社会主义意识形态安全关乎社会主义的生死存亡，社会主义意识形态安全的内涵应具有时代特征，社会主义意识形态安全的宣传和斗争要有合理的界限与形式。侯惠勤（2010）提出，对资本主义主流意识形态的特殊作用应有敏锐的认识、对当代资本主义的根本性应有清醒的认识、对当前社会主义与资本主义两种制度的关系应有准确的认识。⑤从应对西方社会思潮的角度来看，朱光磊（2010）提出，要以马克思主义为指导，坚持党管意识形态，夯实维护意识形态安全的经济基础、政治基础和思想基础，牢固树立社会主义理想信念，坚持改革开放，坚持国家至上。

以上观点为进一步研究打下了基础，但已有研究存在需进一步深化的地方。第一，学者对意识形态安全的研究处于发展阶段，研究主要集中在学校、青年领域，研究侧重于意识形态安全的内涵、价值和影响因素等方面，研究处于描述—解释阶段，尚未进入价值—构建阶段，缺乏全面性、整体性、系统性的研究。第二，学者对大数据与意识形态安全理论研究的结合度不够，没有充分挖掘大数据与意识形态安全的应用性关联、信息性关联，按照大数据时代意识形态安全的新特点、规律和方法去研究意识形态安全问题。第三，学科交叉研究不多，研究基础单一化。在学科特色与话语体系特色上，呈现出鲜明的马克思主义学科特征，与社会心理学等学科结合不足。第四，学者缺少对大数据时代高校意识形态安全的研究。从多学科视角深入、细致地研究大数据时代高校意识形态安全的著作类研究成果，目前还没有，表明其仍有较大的学术拓展空间，所以有必要加以深化研究。

（二）国外研究现状

西方学者关于意识形态的研究起步早、成果多，提出了较多有启发的观点。自 1797 年特拉西提出意识形态概念，特别是马克思、恩格斯《德意志意识形态》发表后，西方学者形成了意识形态研究热潮。主要表现在以下几方面。

1. 意识形态基本理论研究

如葛兰西的有机知识分子所生产的有机意识形态，阿尔都塞的"意识形态的国家装置"；布迪厄的"国家之贵族"和"象征暴力"；法兰克福学派，勒布夫的"物化分析""日常生活现象学""商品的逻辑和价值象征理论"，波依雅的"被金钱和法律之语言结构化的社会想象空间分析"；马克斯·韦伯的"信仰体系"；哈贝马斯的"公共空间"学说和"团体"理念；马特拉的"全球化意识形态"；汤普森关于"意识形态与现代文化的分析"；米尔斯、席尔斯、丹尼尔·贝尔、雷蒙·阿隆、李普塞特的"意识形态的终结"；塞巴斯蒂安·赫尔科默的"后意识形态时代的意识形态"等。

2. 意识形态安全在国家发展中的作用

如葛兰西（1982）提出了"意识形态领导权"和"文化霸权理论"，认为"一个社会集团要体现自己至高无上的权力，主要有两种途径，即'政治霸权'和'文化霸权'"。阿尔都塞（1984）提出，通过普及化、大众化的符号媒介，使人们产生意识形态认同，进而树立意识形态领导权。美国学者约瑟夫·奈（1987）还提出了"软权力"理论，把意识形态等称为"软实力"。卢卡奇（1992）认为，意识形态不仅仅是社会的经济结构的结果，它还是平稳运转的前提条件。诺思（1992）认为，对于社会整合、统一思想、价值引导、行为约束来说，意识形态是最节省的办法。亨廷顿（2002）从国家认同危机入手，强调国家利益来自国家认同，开辟了以认同为主要因素的新国家安全观的新视角。

3. 网络与意识形态安全的关系研究

网络诞生于美国。因此，国外关于网络与意识形态关系的研究成果较多。学者从网络发展对社会意识形态的影响及如何应对等方面进行了大量研究。奥托·纽曼的《信息时代的美国梦》分析了美国近年来发生的一系列由工业文化向信息文化过渡的变化，以及这些变化对于美国的政治、经济、社会，尤其对人们传统价值观念产生的影响。安德鲁·查德威克的《互联网政治学》聚焦新传播技术对政党与选举、压力集团、社会运动、地方民主、公共机构和全球治理的影响。巴雷特的《塞伯族状态：因特网的文化、政治和经济》、史蒂芬·弗兰泽奇的《技术年代的政党》从互联网技术的角度研究了意识形态安全问题。国外还有一些学者分析 Facebook、Whats App 等社交软件对高校学生产生的影响。如图格贝克·卡亚（Tugberk Kaya）、侯赛因·比肯（Huseyin Bicen）在《社交媒体对学生行为的影响：以 Facebook 为例》中提到，学生通过社交媒体发表自己的意见，关注热点时事，并指出通过社交媒体可及时了解学生的状态。安妮·达亚尼·阿哈德（Annie Dayani Ahad）、赛米米·穆罕默德·阿利夫·莉姆（Syamimi Md Ariff Lim）在《便利还是讨厌：Whats App 困境》一文中提到，Whats App 的虚假信息容易导致部分高校学生出现上瘾、中断学业的行为。

总的来看，国外意识形态安全研究的理论基础比较成形，研究维度紧贴现实需求，成果丰富，有个性、动态性和差异性，值得借鉴。但也有明显的不足。第一，提出的一些观点大胆新颖，但是论证不严密，甚至有些粗糙，尤其是本质性分析少；第二，大多是围绕西方的利益为中心进行研究的，对资本主义新变化对社会主义的影响的分析就更带有西方中心或西方优越的色彩，带有鲜明的维护和扩张资产阶级统治的目的。因此，需要进行辩证梳理和甄别后加以吸收借鉴。

三、研究思路与研究方法

（一）研究思路

本书以党的二十大精神为指导，以大数据时代为背景，以高校意识形态安全建设面临的机遇与挑战为逻辑起点，力求理论与实际相结合，探索大数据时代高校意识形态安全建设的对策。首先，在基本理论梳理的基础上，系统深入地分析大数据时代高校意识形态安全建设的意义。其次，多维度、多向度地对大数据时代高校意识形态安全建设的历史进程、基本经验和现状进行全面深入的分析，为提出战略对策确立分析支点和理论支柱。再次，阐明大数据时代高校意识形态安全建设面临的机遇与挑战。最后，从长期性的基础对策和针对性的战略对策等方面，提出大数据时代高校意识形态安全建设的原则、机制、途径和方法。

（二）研究方法

1. 文本解读法

研读马克思主义经典著作和习近平总书记系列重要讲话，深入把握相关思想理论，为意识形态安全研究奠定理论基础。

2. 问卷调查法

立足于实践，从高校意识形态安全现状、影响因素、实现途径等角度出发，进行实证调查，为研究提供丰富的第一手资料。

3. 历史研究法

结合我国不同历史发展阶段的实际与特点，对高校意识形态安全建设的历史演进和基本经验进行历史的考察和分析。

4. 综合分析法

意识形态安全涉及多学科理论知识，必须坚持整体性原则和相关性原则，采用综合分析法，进行综合研究，以得出研究结论。

四、研究的重点与难点

(一) 研究的重点

1. 分析大数据时代高校意识形态安全面临的新课题和深层的整体性、结构性挑战。结合大数据时代的特征，分析在大数据时代高校意识形态安全面临的机遇和挑战。

2. 探索大数据时代高校意识形态安全建设的策略。从社会、政府、高校和个人等层面提出大数据时代高校意识形态安全建设的基本战略、主要原则、机制、途径和方法。

(二) 研究的难点

1. 学理探讨的难点：大数据时代高校意识形态安全的现状和影响因素。大数据时代，各种思想文化和社会思潮相互激荡。高校意识形态安全的现状如何，影响因素有哪些，都需要给予客观的描述与分析。

2. 面向实践的难点：大数据时代如何进一步加强高校意识形态安全建设，促进网络媒体与高校意识形态安全工作的有机融合，使我党牢牢掌握对高校意识形态的领导权、管理权和话语权，需要做深入的研究。

第二章　大数据时代高校意识形态安全的学理分析

一、大数据的内涵及特征

（一）大数据的内涵

随着互联网的迅猛发展，我们已经进入大数据时代。互联网及其带来的大数据，不仅给人类带来全新的经济模式，而且正影响和改变着人类的价值观与生活方式。目前，学术界对大数据的概念尚未形成统一的结论。不同的研究机构和学者根据个人的理解与认知对大数据给出了不同的定义。在维克托·迈尔-舍恩伯格及肯尼斯·库克耶编写的《大数据时代：生活、工作与思维的大变革》中，大数据指不用随机分析法（抽样调查）这样捷径，而采用所有数据进行分析处理。同时，维克托·迈尔-舍恩伯格在书中明确指出："大数据并不是一个确切的概念，大数据是人们获得新知识的途径、创造新价值的源泉。"[①] 研究机构 Gartner 对"大数据"（Big data）的定义为，"大数据"是需要新处理模

[①]　［英］维克托·迈尔-舍恩伯格、肯尼思·库克耶：《大数据时代：生活、工作与思维的大变革》，周涛等译，浙江人民出版社，2013，第8页。

式才能具有更强的决策力、洞察发现力和流程优化能力来适应海量、高增长率和多样化的信息资产。麦肯锡全球研究所给出的定义是，一种规模大到在获取、存储、管理、分析方面都大大超出了传统数据库软件工具能力范围的数据集合。维基百科从大数据的技术特性出发，认为大数据是指在合理时间内，利用常用软件工具获取、管理和处理数据，并将其整理成为数据集。综上所述，我们可以将大数据的概念定义为，无法在一定时间范围内用常规软件工具进行捕捉、管理和处理的数据集合，是需要新处理模式才能具有更强的决策力、洞察发现力和流程优化能力的海量、高增长率和多样化的信息资产。

（二）大数据的特征

1. 数据规模大

大数据最基本的特征是数据规模大。大数据时代的数据量级由原来的 TB 形式发展成为 PB 形式，现如今为 ZB 形式。海量数据、巨量数据以及超量数据为其主要的三种表现形式。随着网络通信媒体的广泛应用，网络用户迅猛增长。用户通过微博、微信、QQ 等社交软件发布信息，每个网络用户都是一个数据源，他们发布的每条信息，就是一条数据，每天都会产生数以亿计的数据。同时，网络用户在分享、点击、浏览网页时又可以提供大量的数据，由此实现了短时间内大量数据的获取与分享。大数据的规模大还体现在它是各种数据和信息的集合，即对于各种数据的集合、分类、存储和管理不是局限在一般的处理软件上，而是要搭建专业的数据处理平台。正如舍恩伯格所说："信息量的存储速度是经济增长的四倍，而数据处理能力的发展速度是目前世界经济增长的九倍。"①

2. 数据种类多

大数据的重要特征是数据种类多。技术的不断革新，以及人们需求的多样化使数据类型越来越多。大数据时代，数据来源多样，可以产生在组织内部各个环节，也可产生在组织外部，而且数据类型也多种多样，不仅包括传统的格式化数据，还包括来自互联网的网络日志、视频、图片、地理位置信息等。大数据可以分为结构化数据、半结构化数据以及非结构化数据，而每一大类数据又包含了许多分支。如用户上传下载的文本、声音、图片、视频和发微博等都是非结构化数据。在搜索引擎上输入一个指令，不仅会得到文字解释、图片、视频、音频等各种信息，而且对这一指令的反馈信息会拓展出这个信息本身。目前，数据总量的百分之八十以上都是非结构化数据量，并且其以比结构化数据快10~50倍的速度增长。同时，普及到人们生活和工作中的传感器也产生了各种半结构化和非结构化数据。这使非结构化数据成为大众化的数据。目前，大数据在应用方面也呈现出多样性的特点。大数据不仅应用在军事等行业，也被越来越多的行业应用。

3. 数据处理速度快

大数据区别于传统数据的一个重要特征是其数据处理的速度快。随着大数据时代的不断发展，数据产生的途径增多，新数据爆炸式迅猛增长。多样化、海量化、高增长率等因素要求数据处理速度也要相应提高，即大数据必须具有高速的数据处理能力、分析能力和应用能力。在分秒必争的社会环境下，如果数据在短期内未得到有效处理，会导致大量服务器的崩溃、网络的瘫痪，其信息价值也会随着时间的推移迅速降

---

① ［英］维克托·迈尔-舍恩伯格，肯尼思·库克耶：《大数据时代：生活、工作与思维的大变革》，周涛等译，浙江人民出版社，2013，第76~80页。

低，大量数据将会变得没有意义。在信息碎片化时代，更快意味着更高的效率，能够为人们带来更加舒适便捷的学习和生活环境。因此，大数据必须满足人们对于数据追求的数量和速度，实现对数据价值的高效利用，促使大数据时代的数据信息能够得到全面化的发展。

4. 数据价值密度低

数据价值密度低是大数据的又一重要属性。大数据的种类繁多，数据量庞大。为了更加全面和详细地了解事物的特征，大数据通常不对数据采样，而是保存和采用所有数据，以确保得到足够多的有效信息。这样，在更全面分析信息的同时，引入了大量毫无意义甚至是错误的信息。大数据时代，数据的价值就像是沙中淘金，数据量急剧增加的同时，其中有效、有真正价值的信息量比例也在不断下降，从而造成了数据的价值密度降低。

二、意识形态的概念与功能

（一）意识形态概念

意识形态是近代随着西方哲学发展而形成的重要范畴。自意识形态这一概念诞生以来，对其界定一直处于复杂的争议之中。意识形态问题是人类思想发展史中的重大课题，特别是自意识形态概念确定以来，意识形态问题始终是哲学、政治学和社会学三大科学共同关注的主要问题。对意识形态的解释和界定，国内外不下百种，见仁见智，众说纷纭。英国当代著名社会学家吉登斯（Anthony Giddens）由此认为，"过去二百年间，哲学、政治学和社会学内外一直在辩论着意识形态这个概念。如果说存在着有争议的概念，并且给最有争议的概念颁奖的话，意识形态概念会当之无愧地名列第一"①。意识形态的内涵复杂、意义繁多、说法不一。意识形态的发展沿革情况是，先是大革命时期的法国思想家安东尼·德斯杜特·德·特拉西于 1796—1798 年在《关于思维能力的备忘录》的论文中提出来的，十余年后，他出版《意识形态原理》一书，此书成为人类社会有关意识形态的第一本专著。此后马克思、恩格斯的著作《德意志意识形态》于 1927 年公开发表，另一本较早的著作是 1929 年卡尔·曼海姆的《意识形态与乌托邦》。意识形态这个概念一开始就带有明显的政治色彩，随着社会发展和研究的深入逐渐成为哲学的基本范畴。

1. 国外学者对意识形态概念的不同认识

最早使用意识形态概念的是法国思想家安东尼·德斯杜特·德·特拉西（1754—1836）。他在《意识形态原理》一书中继承了培根和孔狄亚克的经验论原则，反对天赋观念的思想，认为观念来源于对外部世界的感觉经验，从哲学认识论和政治伦理实践的双重意义上来规定意识形态，把"意识形态"界定为"思想的科学"或"观念的科学"。意识形态范畴最初的意义是积极的、进步的。在特拉西看来，意识形态不是一种纯粹的解释性理论，而是一种负有使命的拯救人类和为人类服务的、使人类摆脱过去种种偏见的科学。正因为如此，特拉西的意识形态学说曾短暂地与拿破仑的政权结合起来，意识形态被封为"国家法定学说"。但其后拿破仑政权变为帝制时，特拉西意识形态理论倡导的民主和革命精神为拿破仑所不容，最后遭到镇压，意识形态理论被指责为空想。因此，19 世纪上半叶，西方许多学者都从否定的意义理解意识形态，都把它看作与科学对立的虚假意识，都将自己排除在意识形态阵营

① Anthony Giddens, "Four Theses on Ideology", in Arthur Kroker and Marilouise Kroker (eds), *Ideology and Power in the age of Lenin in Ruins* (New York: St. Martin's Press, 1991), p. 232.

之外。但从此以后，意识形态的概念在欧洲一些国家的思想家所写的著作中逐渐地使用并流行起来。现在，意识形态不仅是哲学的一个基本范畴，也是政治学、社会学的一个基本范畴。

近现代西方学者大多是从社会学或政治学的角度来理解"意识形态"的，在英国《简明大不列颠百科全书》中，有如此阐述："意识形态是社会哲学或政治哲学的一种形式。其中实践的因素与理论的因素具有同等重要的地位；它是一种观念体系，旨在解释世界并改造世界。"①西方马克思主义者卢卡奇（Georg Lukacs，1885—1971）认为，"意识形态从根本上说是对现实的思想描述形式，它的目的是使人的社会实践变得有意识和有活力。"② 在卢卡奇看来，科学、真理这些理论范畴是特定阶级意识形态的表征。资产阶级意识形态之所以"虚假"，是因为它无法改变错误的现实，更不能以正确理论方式表述现实。卢卡奇还进一步强调，历史唯物主义是"无产阶级备战的意识形态"，是"这一斗争中最强大的武器"。葛兰西（Antonio Gramsci，1891—1937）最有意义的贡献是他提出了新的"文化领导权"概念。他认为一个社会集团要通过"政治霸权"和"文化霸权"两个途径来表现自己至高无上的权力，前者对应于国家，后者对应于市民社会，没有市民社会，文化霸权就不能诉诸实施，而国家也不等于强权政治，它还必须有为民众认同的伦理基础。③ 文化霸权的形成必定是被统治阶级具有相应前提的认可和自愿，是两个阶级之间相互利益与核心价值观经过商谈的彼此接纳，最终成为普及化的公民常识。他认为，无产阶级夺取政权的过程必须包含

①　中美联合编审委员会：《简明大不列颠百科全书》第9卷，中国大百科全书出版社，1986，第101-102页。
②　[英]大卫·麦克里兰：《意识形态》第2版，孔兆政、蒋龙翔译，吉林人民出版社，2005，第13页。
③　[英]大卫·麦克里兰：《意识形态》第2版，孔兆政、蒋龙翔译，吉林人民出版社，2005，第13页。

夺取意识形态和文化的领导权，无产阶级要取得政权就必须颠覆资产阶级的文化霸权，取得意识形态的文化霸权。可见，卢卡奇和葛兰西都从肯定的意义上使用意识形态概念。葛兰西对意识形态和文化领导权的讨论，深刻地影响到西方马克思主义的各个流派，同时，对今天我国建设社会主义和谐社会、加强文化"软实力"，以及提升当代社会主流意识形态认同度都具有重要的启示意义。

阿尔都塞（Louis Althusser，1918—1990）的意识形态理论在西方马克思主义意识形态理论中影响力巨大。他在《意识形态与意识形态国家机器》一书中深刻分析了"意识形态国家机器"的概念，认为意识形态是一个表象体系，涉及社会各个领域各个层面，任何社会任何个人都栖身在意识形态之下。他说，"据我所知，没有一个在意识形态国家机器之中并在它之上发挥作用的领导权，任何阶级都不可能在长时间内掌握国家权力"①。阿尔都塞的"意识形态国家机器"概念及对"意识形态国家机器"的"领导权"的提出，对于我们今天探索意识形态认同问题具有重要的借鉴意义。

M. 韦伯是第一个把科学技术视为意识形态的西方学者，他认为科学技术执行了意识形态的职能。德国法兰克福学派认同韦伯的这一观点。阿尔库塞（Herbert Marcuse，1898—1979）明确地提出技术理性作为意识形态的观点，全面研究了工业社会的意识形态问题，认为在现代社会科学技术统摄并控制了社会的各个领域。哈贝马斯（Jurgen Habermas，1929—）十分推崇"科学技术即是意识形态"的主张。他主张意识形态的批判应该用科学技术批判替代政治经济批判。

自 20 世纪 50 年代以来，在西方出现了"意识形态终结论"的理论观点。他们认为，意识形态在本质上是以终极的普遍面貌出现的"虚

---

① 俞吾金:《意识形态论》，上海人民出版社，1993，第 293 页。

假的意识"。如雷蒙·阿隆（Raymond Aron，1905—1983）于1954年发表的《意识形态的终结》一文，使其成为现代西方工业社会"意识形态终结"最早的预言者之一。弗兰西斯·福山（Francis Fukuyama，1952—）在1992年的《历史的终结》一书中指出，20世纪下半叶，历史事实表明"自由民主已克服世袭制、法西斯与共产主义这类相对的意识形态"[①]。"尽管在原则上，意识形态会有一个终结，但这肯定是看不到的，甚至是在将来。"[②]"意识形态的终结论"还源于卡尔·曼海姆（Karl Mannheim，1893—1947）的关于任何意识形态都是虚幻的和虚伪的观念。卡尔·曼海姆于1929年发表了《意识形态与乌托邦》一书，他认为，意识形态的概念经历了从"个别的意识形态"到"总体的意识形态"的发展过程。个别的意识形态概念是对生活世界的理解和陈述，是有目的性的谎言和掩饰。总体的意识形态概念则是超越现实生活和世俗利害的纯思维、纯理论层面的东西，是无派系且不具有阶级性的。意识形态的发展过程就是一个不断摆脱党派的政治影响和阶级性特征，达到逐步中立的过程。在这个过程中，统一的"社会知识"将取代不同的意识形态，意识形态逐步走向"趋同"。在一种相对间接的意义上，曼海姆铺就了一条"非意识形态化"的道路。

从曼海姆的知识社会学开始，到21世纪50年代的"意识形态终结论"，尽管他们的一些具体观点、立论角度具有这样那样的差别，但其共同的实质和作用都是抹杀意识形态的阶级性，调和无产阶级意识形态和资产阶级意识形态的对立。这既是在新的历史条件下，资产阶级意识形态对无产阶级意识形态斗争的新形式，又反映了在整个世界分为资本主义和社会主义，双方力量处于相对均衡的冷战条件下，意识形态领域

---

① ［美］弗兰西斯·福山：《历史的终结》，远方出版社，1998，第1页。
② ［英］大卫·麦克里兰：《意识形态》第2版，孔兆政、蒋龙翔译，吉林人民出版社，2005，第123页。

斗争的复杂性。

由上可知，国外学者从各自不同的视角来界定意识形态概念，虽说各执己见，众说纷纭，肯否不一，但观点的历史性与评判性，对当前意识形态的研究积累了丰厚的理论基础。当然，我们也应看到，西方马克思主义者关于意识形态概念的理解是不成熟的，他们大多缺乏运用科学的阶级的分析方法来分析和界定意识形态。这是由他们本身的局限性决定的，因而无法给意识形态做出一个科学的定义。

2. 国内学者对意识形态概念的不同理解

改革开放以来，意识形态一直是我国学者研究的重点和热点问题之一。特别是自 20 世纪 90 年代初以来，国内掀起了意识形态问题的研究热潮。有关意识形态概念问题的研究在国内哲学、政治学、社会学领域也是备受关注的研究难点与热点。对意识形态概念的理解众说纷纭。俞吾金教授从历史唯物主义的视角出发，认为意识形态是在阶级社会中，适合一定的经济基础以及建立在这一基础之上的法律和政治上层建筑而形成的，代表统治阶级根本利益的情感、表象和观念的总和，其根本的特征是自觉地或不自觉地用幻想的联系来取代并掩蔽现实的联系。[①] 侯惠勤教授认为，意识形态是以政治信仰为核心的关于社会生活的思想体系。它是一定社会阶级、集团基于自身的利益对现存社会关系认识的结果，意识形态是一个包括政治、法律、哲学、道德、艺术、宗教等社会学说、观点的系统。[②] 肖前、李秀林认为，"（社会）意识形态作为社会的观念（或思想）上层建筑，是对一定社会经济形态以及由经济形态决定的政治制度的自觉反映"[③]。

---

① 俞吾金：《意识形态论》，上海人民出版社，1993，第 129 页。
② 侯惠勤：《马克思关于意识形态虚假性之判断与当代意识形态之争论》，《河南大学学报》2002 年第 2 期，第 2 页。
③ 肖前、李秀林、汪永祥：《历史唯物主义原理》，人民出版社，1991，第 260 页。

　　宋惠昌教授从政治哲学角度出发，提出意识形态是社会的思想上层建筑，是一定社会或一定社会阶级、集团基于自身根本利益对现存社会关系自觉反映而形成的理论体系，它包括一定的政治、法律、哲学、道德、艺术、宗教等社会学说、观点。作为思想的上层建筑，意识形态具有阶级性，它是一种特殊的社会意识，是社会意识体系的一个特殊发展形式。① 邢贲思教授则认为，意识形态"是系统地、自觉地反映社会经济形态和政治制度的思想体系"②。

　　一些学者从广义和狭义两个角度来解释意识形态。如王振华教授指出，从广义上来说，"意识形态通常是指一定的阶级或社会集团与群体对外部世界和社会所持有的一整套紧密相关的看法、见解和观念体系"。从狭义上来说，"意识形态也可以表现为一些具体的伦理道德原则"③。

　　也有学者从意识形态的基本特征和构成要素来解释意识形态。如朱兆中教授认为，"意识形态就是以一定社会集团的利益和要求为出发点，以一定哲学（或者宗教）为基础，以一定价值观为核心，以一定政治目标或社会理想为标识，以一定的话语系统表达出来并通过一定的组织程序确立起来的系统的思想信念"④。

　　还有学者从国际外交关系及其问题角度解释意识形态。一些学者认为意识形态具有服务外交关系之功能，作为上层建筑的观念体系，意识形态为国际关系和一个国家的对外政策提供一种世界观和辩护体系，是处理国际关系的工具和手段。

　　从上述学者的观点来看，他们都从各自的视角和研究领域对意识形

---

① 宋惠昌：《当代意识形态研究》，中共中央党校出版社，1993，第9-10页。
② 邢贲思：《意识形态论》，《中国社会科学》1992年第1期，第2页。
③ 王振华：《论意识形态在国际关系中的作用》，《西欧研究》1990年第1期，第1页。
④ 朱兆中：《中国社会主义意识形态建设纵论》，上海人民出版社，2003，第5页。

态的概念进行了阐释和说明，只是表述方式各自不同。但著者认为，除综合上述有关意识形态概念的基本观点外，针对我国特殊国情和所处的发展阶段，我们还应在把握马克思主义的意识形态观的基础上，运用马克思主义观点和方法解读意识形态的内涵。

3. 马克思主义的意识形态概念

尽管马克思、恩格斯并未给"意识形态"这一概念做过明确的界定，但马克思却是首次在德语语境中对意识形态进行哲学概括并赋予其科学价值内涵的学者。马克思不仅创造了"Ideologie"这个德语词，而且构建了成熟的意识形态的理论体系。① 马克思、恩格斯在其著作中科学地阐述了意识形态概念的基本含义，并揭示了意识形态的来源及其本质。主要从三个层面上使用"意识形态"概念。

一是从"否定的"意义上使用的意识形态，这里的意识形态是与唯物史观基本范畴相对立的，即唯心史观的意识形态。在《德意志意识形态》论著中，马克思、恩格斯第一次使用了"意识形态"和"观念上层建筑"的概念，剖析了"一般意识形态"和"德意志意识形态"。在马克思这里，意识形态概念是与"唯心史观"和"虚假的意识"联系在一起的。马克思、恩格斯强调，"德国唯心主义和其他一切民族的意识形态没有任何特殊的区别。后者也同样认为思想统治着世界，把思想和概念看作决定性的原则，把一定的思想看作只有哲学家们才能揭示的物质世界的秘密"②。在这里，马克思、恩格斯实际上是从否定的意义上来使用意识形态概念，并把意识形态理解为一种剥削阶级的歪曲的意识，这当然不是指意识形态概念本身。

二是"阶级社会的维护意识"，即占统治阶级地位的阶级为了自己

---

① 俞吾金：《意识形态论》，上海人民出版社，1993，第61页。
② 马克思、恩格斯：《马克思恩格斯全集》第3卷，人民出版社，1960，第16页、第52页。

的目的和利益要求而提出的意识形态。意识形态的阶级性决定了任何意识形态都是社会上占统治地位的利益集团的思想体系。每个阶级的统治者制造出属于本阶级的意识形态，并以此作为维护自身利益和统治的思想武器，因此，意识形态所反映的必然是社会上占统治地位的利益集团的利益与意志。意识形态作为"阶级社会的维护意识"既表现为统治阶级的利益观念，也表现为统治阶级对自己阶级存在的历史必然性的自我意识。

三是观念或思想上层建筑的意识形态及其社会意识形式，亦即作为历史唯物主义基本范畴和社会结构基本要素的意识形态。在《德意志意识形态》中，马克思、恩格斯确立了意识形态在唯物史观中的地位，将之称为"观念的上层建筑"。马克思、恩格斯指出，"我们的出发点是从事实际活动的人，而且从他们的现实生活过程中还可以描绘出这一生活过程在意识形态上的反射和反响的发展。甚至人们头脑中的模糊幻象也是他们的可以通过经验来确认的、与物质前提相联系的物质生活过程的必然升华物。因此，道德、宗教、形而上学和其他意识形态，以及与它们相适应的意识形式便不再保留独立性的外观了。不是意识决定生活，而是生活决定意识"①。作为"观念的上层建筑"的意识形态是历史唯物主义的一个重要范畴，是马克思、恩格斯分析阐述的科学的意识形态的基本旨要。

可以说，马克思、恩格斯是意识形态理论的集大成者，他们不仅表明了马克思主义的意识形态的批判性，并使意识形态成为唯物史观的一个基本范畴，成为无产阶级认识和变革社会的重要工具。马克思、恩格斯的意识形态理论为我们全面、正确把握意识形态内涵和本质奠定了科学的理论基础。

---

① 马克思、恩格斯：《马克思恩格斯选集》第 1 卷，人民出版社，1995，第 73 页。

综上所述，著者认为，意识形态是在一定社会历史条件下的统治阶级和社会利益集团（包括国家和国家集团），自觉、全面地反映社会经济形态和政治制度乃至国际关系的系统化了的思想观念、价值体系和理论学说的总称，是社会上层建筑的重要组成部分。

（二）意识形态特征

意识形态作为一般意识形态体系中的一个有机组成部分，具有一般社会意识的共同本质特征。与此同时，意识形态作为社会哲学的基本范畴，是社会的思想体系，是社会物质关系和经济基础的直接反映，具有特殊的本质特征。

1. 意识形态的阶级性

马克思在《德意志意识形态》中指出："统治阶级的思想在每一时代都是占统治地位的思想。这就是说，一个阶级是社会上占统治地位的物质力量，同时也是社会上占统治地位的精神力量。支配着物质生产资料的阶级，同时也支配着精神生产的资料，因此，那些没有精神生产资料的人的思想，一般的是受统治阶级支配的。占统治地位的思想不过是占统治地位的物质关系在观念上的表现，不过是以思想的形式表现出来的占统治地位的物质关系；因而，这就是那些使某一阶级成为统治阶级的各种关系在观念上的表现，因而也就是这个阶级的统治的思想。"[1]也就是说，意识形态是统治阶级的思想体系，是统治阶级根本利益得到集中反映的理论形式。在阶级社会中，阶级对立这一客观的社会存在反映到社会意识领域，造成各种思想观念的同时并存，但各有差异，甚至对立。不同的阶级有不同的思想观念和阶级诉求，只有在经济上和政治上居于统治地位的阶级才能在思想上占统治地位，从而使统治阶级的思

---

[1]　马克思、恩格斯：《马克思恩格斯全集》第3卷，人民出版社，1960，第52页。

想体系作为意识形态成为整个社会结构的有机组成部分。而被统治阶级的思想意识，由于在很大程度上会构成对统治秩序的现实威胁或潜在威胁，因此，往往受到排挤和打压，或被歪曲和被腐蚀，不能在阶级社会的思想构成中占主导地位。

物质上占统治阶级的阶级出于对自身利益的维护和追求，努力培养自己的意识形态专家，并控制意识形态的各个部门。他们拥有生产和传播自己思想的队伍、统治工具和现实的多种多样的发挥意识形态作用的场所。统治阶级总把他们的利益说成普遍的利益。如西方资产阶级意识形态专家学者为了说明资产阶级统治的合法性，把代表少数资产阶级利益的抽象的自由、平等、公正的思想说成是具有普遍意义的思想，宣扬这些思想是代表整个人类社会的利益。马克思指出了这些普遍意义思想掩盖下的事实："当前社会的交往形式以及统治阶级的条件同走在前面的生产力之间的矛盾越大，由此产生的统治阶级内部的分裂以及它同被统治阶级之间的分裂越大，那么当初与这种交往形式相适应的意识当然也就越不真实，也就是说，它不再是与这种交往形式相适应的意识了。"[1] 无论哪种意识形态，其最终的目的都是为某阶级或者社会集团的经济利益服务的。它的根本目的不是去认识世界，而是去改造世界。人们在现实中接受的意识形态或者形成的观点、思想都是他们对现实物质关系的反映。"如果在全部意识形态中，人们和他们的关系就像在照相机中一样是倒立成像的，那么这种现象也是从人们生活的历史过程中产生的，正如物体在视网膜上的倒影是直接从人们生活的生理过程中产生的一样。"[2] 人们在新式生活中都会接受一定的意识形态，意识形态可以帮助人们做出价值判断的同时，又具有可实施性。人们所奋斗的一

---

[1]　杨海英：《社会主义意识形态创新研究》，中共中央党校出版社，2005，第 13 页。

[2]　马克思、恩格斯：《马克思恩格斯全集》第 1 卷，人民出版社，1995，第 72 页。

切都和他们的物质利益有关。坚持什么样的利益观，以什么样的方式从事社会实践，则取决于人们内心所坚持的意识形态。

2. 意识形态的历史继承性

意识形态是在继承基础上产生和发展的，意识形态最早是作为思想文化范畴的内容而出现的。思想意识在反映一定历史时期的经济政治要求而具有时代性的同时，具有历史的延续性。意识形态在主要反映现实的物质经济关系的时候总是保留着历史上形成的反映过去社会物质经济关系的某些思想观点。同时，意识形态会根据新的内容和现实的条件在继承以往既有思想形式、思想方式的过程中又不断加以改造、补充和发展，并创造出新的具体形式。由于历史的继承性在不同的生活环境中有不同的表现，从而形成了世界上各具特点的民族文化传统。一种社会意识形态的形成和发展既不能脱离现实社会的物质经济关系，也必须与社会的文化传统达到某种程度上的协调。因为任何一种新的思想观念，不论是产生于本土还是外来的传播，最终都只能在这个国家和民族既有的文化传统的基础上加以阐释、理解，并发挥作用。

3. 意识形态的相对独立性

意识形态是人们的生活过程的反射和回声，因而"道德、宗教、形而上学和其他意识形态，以及与它们相适应的意识形式便失去独立性和外观。它们没有历史，没有发展；而发展着自己的物质生产和物质交往的人们，在改变自己的这个现实的同时也改变着自己的思维和思维的产物"①。历史唯物主义认为，先进的政治制度里面也会遗留一些旧制度里面的落后的思想，同时，在落后的制度和思想里面，也一定孕育着先进的、革命的思想。在一个具体的社会当中，一般会存在一些主要的意识形态，这些意识形态反映了当时社会上占统治地位的阶级的思想体

---

① 马克思、恩格斯：《马克思恩格斯全集》第 3 卷，人民出版社，1960，第 30 页。

系，是代表事物主流发展方向的意识形态。意识形态的发展与经济的发展不是完全同步的，这也是意识形态相对独立的表现。意识形态与社会经济发展的不一致性说明思想是超前的，具有相当的预见性。在生产力和经济发展比较落后的国家，这些思想总是试图去建立一个更加符合生产力发展的社会制度，只不过这需要一个相对较长时间的历史实践。因此，我们在认识社会主义发展的过程中，既不能认为我们可以跨越历史，一步步入共产主义社会，也要坚决反对那些要把社会主义的发展步伐倒退回去，重新去走资本主义道路的行为。

（三）意识形态功能

1. 导向功能

意识形态是社会统治阶级和集团的根本利益在观念上的反映，是一种自觉理论，对于一定阶级社会集团具有直接的价值导向和行为导向作用。意识形态不仅大致确定一定阶级、社会集团的现实目标，而且为社会发展的未来做出预判，并且从理论上加以论证这些目标实现的可能性。因此，一旦某统治阶级的意识形态形成，该统治阶级和社会集团的价值追求和行为目标就要与意识形态的思想达到一致，从而使处于这种社会共同体的成员甚至整个社会成员具有统一的意志、目标和行动。在现代的政党社会中，往往反映出一个政党的思想路线和政治路线。因此，意识形态上的混乱和失控往往反映了一个政党在思想上和政治上的失误，并有可能导致整个社会的失控和政治阵地的失守。意识形态是经济的集中表现，经济利益的斗争最终都要通过政治权力的斗争表现出来，一个政党、一个统治阶级政权只有在良好掌握政权的基础上，才能实现自己的经济目标，只有让经济的目标和步骤与当前的政治目标基本一致，才能真正取得经济上的进步。

2. 服务功能

意识形态作为思想上层建筑，是在一定的经济基础上产生并发展起来的，必须与统治阶级的经济基础发展的要求相一致，并注定要为统治阶级的利益服务。意识形态保护统治阶级的经济基础的另外一个表现形式，就是能够促成政府的政治方针朝着有利于统治阶级期望的方向发展，在政治上对经济利益的存在和发展起到保护的作用。在剥削阶级占统治地位的社会中，意识形态对统治阶级的特殊利益具有遮蔽作用，而将其所倡导的全社会的共同利益和普遍利益的声音扩大化。马克思指出："每一个企图取代旧统治阶级的新阶级，为了达到自己的目标就不得不把自己的利益说成是社会全体成员的共同利益，就是说，对这个观念的表达就是：赋予自己的思想以普遍性的形式，把它们描绘成唯一合乎理性的、有普遍意义的思想。"[1] 这就使统治阶级的思想将是越来越抽象、越来越普遍的思想体系了。所有这些行为使在社会上占统治地位的思想体系更加牢固，于是这些固定的思维模式就成了社会上正统的、被认为是合乎情理的东西。

3. 教化功能

意识形态的教化功能体现在统治阶级不是借助刚性的强力手段，而是借助柔性的道德规范和教育手段，向社会成员宣传和灌输统治阶级的思想体系，要求其遵守统治阶级制定的共同生活及行为准则，从精神层面达到维护和巩固其阶级统治的目的。由于意识形态的核心是政治法律思想，因此，意识形态在理论逻辑上最终论证的是现实社会中的某种社会制度和权力行为的合法合理性，以及另外的某种社会制度和权力行为的不合法不合理性，并把某个社会政治集团或阶级的行动纲领、理想目标普遍化为全社会发展的目标，从而影响人们的理想信念和行为方式。

---

[1]　马克思、恩格斯：《马克思恩格斯全集》第 3 卷，人民出版社，1960，第 100 页。

在各个社会发展过程中，相应的意识形态都具有一种思想先导的作用，成为社会集团和政治组织及其成员前进的一面旗帜，引导人们去生活和工作，以统一人们的思想、意志和行动，促进社会稳定，从而巩固统治阶级的统治。正如马克思、恩格斯所说："在资产阶级看来，它所通知的世界自然是美好世界。资产阶级的社会主义把这种安慰人心的观念制成半套或全套的体系。它要求无产阶级实现它的体系，走进新的耶路撒冷，其实它不过是要求无产阶级停留在现今的社会里，但是要抛弃他们关于这个社会的可恶的观念。"①

4. 论证功能

意识形态总是为一定的阶级和政治统治服务，为一定的经济基础服务，即对现存的社会制度的合法性和合理性进行论证，对一些事关全局的根本性问题进行解释和说明，从而起到释疑解惑、统一思想的作用。这种合法性主要体现在以下几方面。一是该事物的存在符合社会历史发展的规律和要求。如马克思主义意识形态是以马克思主义为指导的科学理论体系，坚持历史唯物主义原理，深刻揭示了社会主义制度建立的历史必然性，马克思主义意识形态为人们认识世界和改造世界提供了科学的世界观和方法论。因此，马克思主义意识形态必须要对社会主义符合历史发展规律这一客观事实进行详细的阐释，才能够让广大人民熟悉和认同。二是具有广泛的社会认同基础，即获得社会上大多数人的普遍认同和支持。社会主义社会由于永远站在群众的基础和立场上分析问题和解决问题，在历史上第一次实现了人民当家作主，是世界上具有最广大人民群众基础的社会，永远代表和反映了最广大人民群众的利益。三是它比以往的意识形态更加具有优越性，且能更有效地处理和解决当前的问题，有着光明的发展前景。共产党是由社会各行业中起带头作用的人

---

① 马克思、恩格斯：《马克思恩格斯全集》第 3 卷，人民出版社，1960，第 302 页。

组成的先锋队伍，不是资本主义所强调的金钱和身份第一，共产党能最大范围地聚集社会上的精英人才，因而保证了领导层次的水平。同时，共产党以马克思主义为自己的行动纲领，确保了行动上的理论支持。总之，政治经济法律制度及其权力的掌握的合法性是保证社会政治统治稳定发展的具有决定性的思想基础。因此，任何统治阶级都要在意识形态上论证其社会制度和权力支配的合法性，并用这种合法性清剿妨碍该社会制度和权力支配的其他思想意识，设法证明其他社会制度和国家政权的不合法性。

三、意识形态安全概述

（一）意识形态安全的概念

美国学者约瑟夫·奈将文化、意识形态、社会制度等称为"软权力"，认为它是与军事和经济实力等"硬权力"相对应的重要力量。随着网络的迅猛发展和大数据时代的到来，在某种意义上，软权力比硬权力的作用更大。一个国家的文化面貌和文化精神状态如何，在很大程度上取决于这个国家整个社会对信仰的取向，这是衡量一个国家安全状况的一个重要指标。由此可见，文化与意识形态安全是实现国家利益的重要手段。国家安全的获得更在于文化、思想以及制度上的演变与控制。西方对我的意识形态渗透一刻都没有停止过，反而随着全球化与网络化的发展而不断加深，对我国意识形态安全造成严重挑战。我国意识形态安全建设也被赋予了全新内涵，成为国家安全体系中的关键环节。党的十八大以来，习近平总书记对我国意识形态领域出现的许多问题做出了分析，并强调指出，把握意识形态领导权是政党安全执政的根本，有必要将意识形态安全纳入总体国家安全观，牢牢掌握意识形态工作的领导权和主动权。社会主义的历史实践证明，意识形态安全问题是国家安全的重要组成部分，是国家软实力的具体体现，是关乎社会主义生死存亡的关键问题。

关于"意识形态安全"概念的界定，目前学术界尚无统一的定义。学者从各自的角度出发对意识形态概念进行了解读。夏保成认为，国家的安全，就是构成国家的三个组成部分的安全，包括国家肌体的安全、环境安全和意识形态安全。这三个方面的综合，就是发展的安全。其中，意识形态的安全包括道德的安全、政治信仰的安全和宗教信仰的安全。[①] 王永贵认为，就我国而言，社会主义意识形态安全要包括党的指导思想，社会主义政治信仰、社会主义道德和中华民族的民族精神为主体的主流意识形态安全。[②] 金钿认为，意识形态安全属于文化安全的一部分，国家安全的范畴涉及政治、经济、军事等多个领域。政治安全主要指主权独立、领土完整、政局稳定、人民安康、文化安全，意识形态安全也包含其中。[③] 石云霞认为，意识形态安全是指一个国家的主体意识形态或占统治地位的意识形态的主流地位与主导作用不受威胁的、相对稳定与有序发展的状态。[④] 钟明华认为，维护意识形态安全，本质上就是要使马克思主义保持在国家政权、政治制度、思想文化、价值观念等方面的指导地位。[⑤]

西方马克思主义学者对意识形态安全的概念也有不同的阐释。卢卡

① 夏保成：《国家安全论》，长春出版社，2008，第7页。
② 王永贵：《马克思主义意识形态理论与当代中国实践研究》，人民出版社，2013，第336页。
③ 金钿：《国家安全论》，中国友谊出版公司，2002，第28页。
④ 石云霞：《当代中国文化发展中的意识形态安全问题》，《中国特色社会主义研究》2012年第2期。
⑤ 钟明华、洪志雄：《维护我国意识形态安全的路径思考》，《思想理论教育》2016年第1期，第46页。

奇认为，资产阶级通过物化意识对无产阶级取得了统治权，打破这种物化统治，必须依靠"阶级意识"，即培养无产阶级的意识形态，实现阶级自觉，抵抗资本主义的侵蚀，保护阶级利益。葛兰西认为意识形态的领导是对政治与文化的双重领导。同阿尔都塞基本观念相同，葛兰西也认为"国家机器"具有意识形态教育功能。

学者对于意识形态安全的界定虽角度不同，但普遍认为，意识形态安全是国家安全体系的重要组成部分。著者认为，意识形态安全是一个国家占主导地位的意识形态不受任何威胁的相对稳定的状态，保证意识形态在国家政治制度、思想文化与价值观念等方面的指导作用，并能实现和维护好人民群众的根本利益，获得广大人民群众的广泛认同。我国是人民民主专政的社会主义国家，因此，维护中国的意识形态安全就是要使我国社会主义意识形态不受负面影响，保持地位稳固状态，即确保马克思主义意识形态在我国意识形态领域占主导地位，始终坚持马克思主义理论的指导，维护马克思主义意识形态在国家思想信念体系中的安全和地位，保持马克思主义在促进民众政治认同与维护无产阶级政权合法性中的指导作用，进而推进社会稳定、健康发展。

（二）意识形态安全的内容

意识形态安全作为国家软实力的重要构成要素，主要包括指导思想的安全、政治信仰的安全、道德秩序的安全和民族精神的安全。

1. 指导思想的安全

指导思想的安全是意识形态安全的基础。指导思想，又称"行动指南"，是一个政党或政权进行建设的总体路线方针，是一个国家政治经济文化事业建设和发展的行动指南与理论基础。指导思想在一个国家中处于重要的地位，关乎国家政权的稳定与民族发展的走向，在社会治理、国家权力运行中起着全局性、导向性和原则性的作用。指导思想通过确立具体的方向与目标，将社会中分散的力量凝聚在一起，规范国家各方面建设朝着特定的目标，高效平稳的运行。指导思想具有一定的实践性和历史性，在特定的历史时期，面临的历史任务和目标不同，指导思想的内容也会根据实际情况进行相应的调整。指导思想作为统治阶级利益的根本体现，其根本地位基于政府的合法性地位，以国家强制力为基础和保障，它的实施受到国家机制的保护。同时，指导思想也为政权的合法性地位提供理论支撑。指导思想的安全体现在，其不受其他发展思想的影响和冲击，能够正常发挥其功能，有效地将社会成员的力量凝聚在一起，从而整合成一股强大的力量，为实现既定的目标共同奋勇前进。

马克思主义是我们党立党立国的根本指导思想，是社会主义意识形态的旗帜和灵魂。马克思主义提供了科学的世界观和方法论，提供了认识世界和改造世界的立场、观点和方法。我们党坚持把马克思主义基本原理和中国具体实际相结合，创立了毛泽东思想和中国特色社会主义理论体系。马克思主义在中国的社会主义实践中焕发出强大的生命力。新时代，社会思想观念越是多样化，就越要坚持和巩固马克思主义在意识形态领域的指导地位，坚持马克思主义指导思想，以马克思主义作为思想灵魂，将各种价值取向引导到正确的轨道上来，维护马克思主义指导思想的安全。

2. 政治信仰的安全

无论是在社会政治制度的设置中、在政治意识的指导思想中，还是在政治行为的动机确立时，都离不开人们的政治信仰，离不开人们的政治理想目标，离不开人们对一定政治理想目标的信奉和追求。政治信仰的稳定是政权稳定中极为重要的因素，在国家意识形态安全体系中，地位尤为突出。政治信仰从其信仰的对象或信仰的客体方面，包括政治理想目标以及达到该目标的途径，具体包括政治理念、政治理想、政治思想等意识，以及理想政治制度、理想政治关系、理想社会制度，还有理想的社会治理方案和措施等。从政治信仰活动或政治信仰实践来看，政治信仰是人们对理想的社会政治制度及其价值目标的信奉和追求，是人的最高价值理想在政治生活中的集中体现。政治信仰就是信仰主体对信仰客体的笃信与奉行，表现为认知上的确信、情感上的虔诚、意志上的坚定、信念上的稳固、行为上的一贯性。由此可见，政治信仰作为政治的最高价值理想目标及其实现方案的信奉，渗透到政治意识、政治制度、政治行为等方面，是政治的灵魂。可以说，没有共同的政治信仰，就不可能形成真正的政治组织。缺乏政治信仰的政治生活是盲目的，必将导致社会政治生活的混乱，影响社会政治秩序的稳定，政权的稳定性就会难以避免地出现动摇，使政治偏离人类文明的轨道，进而失去人民群众的支持和拥护。政治信仰是政治行为稳定而强大的动力源，是政治行为动机的策源地。然而，一些领导干部在金钱、权力、美色面前，经不起考验，蜕化变质，坠入了腐败的泥潭，重要原因之一就是政治信仰的丧失和危机。政治信仰危机使一些领导干部包括一些高级领导干部的人生观、价值观发生了根本的变异和扭曲，他们不再信奉马克思主义，不再相信共产主义一定能够实现，从马克思主义的信仰者变成了"最彻底的现实主义和享乐主义者"。

共同的信仰和理想会使人们的热情发生凝聚作用，而相互激励，不断增强。同时，人们的意志也因此在信仰团体中得到强化和加强。20世纪80年代末90年代初，东欧以及苏联经历了一场政治信仰危机，最终导致东欧剧变、苏联解体，政权不复存在。我国作为一个多民族的国家，政治信仰的安全直接关系到人心所向，关乎社会主义政权的稳固。

因此，要坚持政治文明建设的正确方向，坚持党的领导、人民当家做主和依法治国的有机统一。加强政治信仰教育，防止一些人因政治信仰不坚定或迷失而导致道德观念模糊和道德人格沦丧。同时，在实践政治信仰的过程中，要注意理论与实践的一致。要使广大民众接受政治现实，拥护既定方针，信仰所主张的政治理想，就必须时刻倾听群众的呼声，不断地进行理论创新和制度创新，确保建设中国特色社会主义和实现共产主义社会是绝大多数社会成员的政治信仰并愿意为此而努力。

3. 道德秩序的安全

道德是意识形态的一种表现形式，是社会的稳固剂，是国家强制性力量的重要补充，在社会的稳固发展中起着重要作用。美国学者 J. P. 蒂洛认为，道德基本上是讨论人的问题，讨论人同其他存在物（包括人和非人）的关系如何。道德讨论人如何对待其他存在物，以促进共同的福利、发展和创造性，努力争取善良战胜丑恶、正确战胜错误。① 马克思列宁主义伦理学把道德理解为人们相互之间随着历史变化的社会联系的形式。罗国杰认为，道德就是人类现实生活中，由经济关系决定，用善恶标准去评价，依靠社会舆论、内心信仰和传统习惯来维持的一类社会现象。② 从本质上来说，道德是人们在社会生活实践中产生和发展的一种社会现象，是人们在社会生活中形成的关于善与恶、公正与偏私、诚实与虚伪等观念、情感和行为习惯以及与此相关的依靠社会舆论与内心信念来实现的，调解人与人之间相互关系的行为规范的总和。良好的道德秩序是国家发展、社会和谐的基础和条件。道德秩序的安全是社会的稳定剂与黏合剂，起到了法律无法替代的弥补与修复作用。任何一个社会，要维持它的正常运转，保持社会生活的动态平衡，都需要

① ［美］J. P. 蒂洛：《伦理学——理论与实践》，周辅成译，北京大学出版社，1985，第9页。
② 罗国杰：《伦理学教程》，中国人民大学出版社，1985，第8页。

有道德的约束来规范人们的行为（当然更需要法律）。人们不管他们是否愿意，他们在社会生活中都要服从既成的道德法规。然而，道德不仅是一种"他律"，同时，它又是一种"自律"。道德只有从外在的"他律"转化为内在的"自律"才能真正起作用。当前，我国正处于社会主义初级阶段，在以经济发展为中心，大力加强物质文明建设的同时，更要大力加强精神文明建设，其中包括道德建设。当前维护我国道德秩序安全就是要用社会主义核心价值观规范社会成员的思想和行为，深入开展社会主义荣辱观宣传教育，加强思想道德建设，使社会中的每个成员都能够按照积极健康的道德秩序从事各种活动，从而进一步弘扬良好的思想道德风尚，营造出和谐的社会氛围，以保障正常有序的社会秩序；同时，通过一定的道德秩序确定做人的目标，给人生指明前进的目标与方向，使全体社会成员能为共同的理想目标而奋斗。

4. 民族精神的安全

民族精神是一个民族赖以生存和发展的强大精神支柱，是社会意识形态的特殊表现形式。没有振奋的精神状态，就难以屹立于世界民族之林，更无从谈起坚持社会主义意识形态。在五千多年的发展历程中，中华民族形成了以爱国主义为核心的团结统一、爱好和平、勤劳勇敢、自强不息的伟大民族精神。这个民族精神，博大精深，源远流长，是中华民族生命机体中不可分割的重要部分。这个民族精神，同我们党领导人民在长期革命、建设、改革中形成的优良传统和时代精神结合在一起，是中华民族生生不息、发展壮大的强大精神动力。历史证明，中华民族是一个具有伟大民族精神的民族，越是困难的时候，越是要大力弘扬民族精神，大力增强中华民族的凝聚力。21世纪，全面建设社会主义现代化国家，加快推进社会主义现代化的伟大事业是新时代赋予我们的庄严使命。民族精神是构成民族文化认同和民族命运共同体的连接纽带。

民族精神根源于一个民族生存的环境、生活方式、文化传统。这种精神来自民族生活的特殊样态，反过来也塑造着民族的生活样态。民族精神能够促进民族振兴和实现文明发展的价值目标。一个民族有了民族精神才会有民族自觉。习近平总书记在北京大学师生座谈会上的讲话中指出，如果一个民族、一个国家没有共同的核心价值观，莫衷一是，行无依归，那这个民族、这个国家就无法前进。民族精神构成了中华民族所有成员价值观的共同基础。当前，最突出的价值目标追求就是实现中国梦，即实现中华民族的伟大复兴。民族精神能够提供社会发展和文明进步的强大推动力。近代以来，在强大的民族精神鼓舞下，中华民族前赴后继，谱写了一曲曲保卫祖国的悲壮战歌。新时代，在与时俱进的民族精神激励下，亿万中华儿女投身中国特色社会主义事业中，建设富强、民主、文明、和谐的国家，为实现中华民族的伟大复兴而奋斗。民族精神有利于民族整体和提高全体社会成员的素养。一个民族必须有自己的精神，才能成为文化繁荣发展的民族，才能成为文明进步的民族。正是这种闪烁着时代光辉的民族精神，造就了一批又一批具有先进思想并具有顽强奋斗精神的杰出人物，如孙中山、毛泽东、钱学森、华罗庚、焦裕禄等。他们为振兴中华上下求索，推动了历史发展和民族进步，挺起了民族的脊梁，成为中国人民的榜样。这就是一个民族精神力量的淬炼，它能够把一个民族提升到文明的新境界。伟大的时代孕育伟大的精神，伟大的精神支撑伟大的梦想。我们党在领导人民进行革命、建设和改革的伟大历程中，继承和发扬中华民族优秀精神文化传统，相继形成了井冈山精神、长征精神、延安精神、西柏坡精神、焦裕禄精神、雷锋精神、铁人精神、"两弹一星"精神、载人航天精神等。它们既凝结了无数先贤不懈奋斗的光荣传统，更体现了近代以来中国人民深深的民族情结和崇高理想，是引领新时代中国发展进步的强大精神力量，激励我们沿着中国特色社会主义道路奋勇前进，为实现"两个一百年"奋斗目标和中华民族伟大复兴的中国梦不懈拼搏。爱国主义是民族精神的核心，在当今中国，热爱祖国，就要热爱中国共产党，要拥护社会主义制度，要坚持中国特色社会主义道路，要维护和巩固马克思主义在意识形态领域的指导地位，就要站稳立场，始终为了人民的利益不懈奋斗。

（三）中国共产党人意识形态安全思想

以毛泽东、邓小平、江泽民、胡锦涛和习近平总书记为代表的中国共产党人，坚持把马克思主义基本原理同中国革命、建设和改革的具体实践相结合，在创立毛泽东思想和中国特色社会主义理论体系中对意识形态及意识形态安全做了大量的论述，是大数据时代高校意识形态安全建设的重要理论指南。

1. 毛泽东意识形态安全思想

毛泽东是中华人民共和国的主要缔造者，是我国伟大的无产阶级革命家、政治家和教育家。毛泽东始终高度重视意识形态安全问题，他根据时代的变化和中国革命实际的需要，创造性地发展和丰富了马克思主义意识形态理论，形成了伟大的毛泽东思想，确立了马克思主义在我国意识形态领域的指导地位，发展了马克思主义关于意识形态理论，指出在一定条件下社会意识起决定作用的科学论断，强调进行意识形态领域斗争，强调政治工作是一切经济工作的生命线。

（1）意识形态斗争的必要性、长期性和艰巨性

毛泽东在1938年研读《读李达著〈社会学大纲〉一书的批注》时最早提到"意识形态"一词，"社会意识形态理论上再造出现实社会"①。1940年初的《新民主主义论》是毛泽东阐述意识形态思想的重

① 毛泽东：《毛泽东哲学批注集》，中央文献出版社，1998，第210页。

要著作之一。毛泽东指出，"一定的文化（当作观念形态的文化）是一定社会的政治和经济的反映，又给予伟大影响和作用于一定社会的政治和经济；而经济是基础，政治则是经济的集中的表现。这是我们对于文化和政治、经济的关系及政治和经济的关系的基本观点。"① 中华人民共和国成立之初，毛泽东敏锐地看到了意识形态对经济基础的作用，他在1957年谈到国际问题时指出，中国内部还有不满社会主义的人，这些人就是资产阶级中间和民主党派中间的许多人，以及地主阶级，"我们一定要把他们消化掉，要把地主、资本家改造成为劳动者。"② "消灭阶级，要很长的时间。"③ 在关于正确处理人民内部矛盾的问题中，毛泽东指出，"在我国，虽然社会主义改造，在所有制方面说来，已经基本完成，革命时期的大规模的急风暴雨式的群众阶级斗争已经基本结束，但是，被推翻的地主买办阶级的残余还是存在，资产阶级还是存在，小资产阶级刚刚在改造。阶级斗争并没有结束。无产阶级和资产阶级之间的阶级斗争，各派政治力量之间的阶级斗争，无产阶级和资产阶级之间在意识形态方面的阶级斗争，还是长时期的、曲折的，有时甚至是很激烈的。"④ "我国社会主义和资本主义之间在意识形态方面的谁胜谁负的斗争，还需要一个相当长的时间才能解决。"⑤ 无产阶级要做好对资产阶级进行长期思想斗争的心理准备，这个时间可能是几十年甚至几百年。同时，无产阶级和资产阶级的意识形态斗争是一个复杂、曲折的艰巨性过程。因为，"在拿枪的敌人被消灭之后，不拿枪的敌人依然存在，他们必然地要和我们作拼死的斗争，我们决不可轻视这些敌

---

① 毛泽东：《毛泽东选集》第2卷，人民出版社，1991，第663-664页。
② 毛泽东：《毛泽东文集》第7卷，人民出版社，1999，第189页。
③ 毛泽东：《毛泽东文集》第7卷，人民出版社，1999，第189页。
④ 毛泽东：《毛泽东文集》第7卷，人民出版社，1999，第230页。
⑤ 毛泽东：《毛泽东文集》第7卷，人民出版社，1999，第231页。

人。"① 敌人还会抱有侥幸心理负隅顽抗，妄图恢复旧制，这种斗争不但是曲折的，"有时甚至是很激烈的"②。毛泽东充分认识到了意识形态斗争的长期性、艰巨性，为此，他还建设性地提出了要正确区分意识形态斗争的不同性质。

（2）加强思想政治工作，坚决反对"和平演变"

旗帜就是方向，就是道路。举什么旗，不仅决定着意识形态的安全和发展方向，也决定着中国共产党和中国特色社会主义的前途命运。中华人民共和国成立后，毛泽东根据当时的党情、国情和世情，指出坚持马克思主义是维护社会主义意识形态安全的根本保障。1957 年 1 月 27日，主持召开的省区市党委书记会议上，毛泽东告诫全党必须让马克思主义牢牢占据党内、思想界、文艺界等意识形态主阵地，对非马克思主义甚至反马克思主义的思想必须旗帜鲜明地进行批判、态度坚决地予以斗争。1958 年的《工作方法六十条（草案）》中，毛泽东进一步强调思想政治工作的极端重要性。他指出，"掌握思想教育，是团结全党进行伟大政治斗争的中心环节。如果这个任务不解决，党的一切政治任务是不可能完成的。"③ "政治工作是一切经济工作的生命线"④ "思想政治工作，各个部门都要负责任。共产党应该管，青年团应该管，政府主管部门应该管，学校的校长教师更应该管。"⑤ 毛泽东专门强调要加强青年思想教育，"不论是知识分子，还是青年学生，都应该努力学习。除了学习专业之外，在思想上要有所进步，政治上要有所进步，这就需

---

① 毛泽东：《毛泽东文集》第 4 卷，人民出版社，1991，第 1427 页。
② 毛泽东：《毛泽东文集》第 5 卷，人民出版社，1999，第 389 页。
③ 毛泽东：《毛泽东选集》第 3 卷，人民出版社，1991，第 1094 页。
④ 毛泽东：《毛泽东选集》第 6 卷，人民出版社，1999，第 449 页。
⑤ 毛泽东：《毛泽东文集》第 7 卷，人民出版社，1999，第 226 页。

要学习马克思主义，学习时事政治。没有正确的政治观点，就等于没有灵魂。"① 思想政治工作是通过对人们的思想和行为进行有效的引导和规范，使马克思主义意识形态在潜移默化中内化为人们的价值观念，并外化为人们的行为。可以说，充分发挥思想政治工作这一法宝在维护意识形态安全方面的功能和作用是我党的传统优势。

中华人民共和国成立初期，美国等西方国家图谋西化、分化中国的野心从来就没有停止过，肆意鼓吹进行"思想战""宣传舆论战"。无论是肆无忌惮地对华进行意识形态渗透，还是全面封锁中华人民共和国都是为了达到其和平演变的图谋。面对美国等西方国家的挑衅，毛泽东提出，要充分发挥思想政治工作的功能，巩固马克思主义的指导地位，坚决反对和高度警惕"和平演变"。他强调指出：任何轻视思想政治工作，放弃马克思主义的举动都将危及中国共产党的领导和人民民主专政政权的安全。因为"不搞政治思想工作那就很危险"② "在我们无产阶级专政的国家里，当然不能让毒草到处泛滥。无论在党内，还是在思想界、文艺界，主要的和占统治地位的，必须力争是香花，是马克思主义。毒草，非马克思主义和反马克思主义的东西，只能处在被统治的地位。"③ "毫无疑问，我们应当批判各种各样的错误思想。看着错误思想到处泛滥，任凭它们去占领市场，当然不行。有错误就得批判，有毒草就得进行斗争。"④ 所以，全党上下必须狠抓思想政治工作，要加大对无产阶级和劳动人民尤其是青年人的思想教育，引导无产阶级和劳动人民牢固树立社会主义政治倾向和政治态度。知识分子的世界观和思想方法直接影响着人民群众的思想，"我们的文学艺术家，我们的科学技术

---

① 毛泽东：《毛泽东文集》第7卷，人民出版社，1999，第226页。
② 毛泽东：《毛泽东选集》第5卷，人民出版社，1977，第357页。
③ 毛泽东：《毛泽东文集》第7卷，人民出版社，1999，第197页。
④ 毛泽东：《毛泽东文集》第7卷，人民出版社，1999，第232页。

人员，我们的教授、教员，都在教人民，教学生。因为他们是教育者，是当先生的，他们就有一个先受教育的任务。"① 毛泽东强调指出，"即使是对于马克思主义已经了解得比较多的人，无产阶级立场比较坚定的人，也还是要再学习，要接受新事物，要研究新问题。知识分子如果不把自己头脑里的不恰当的东西去掉，就不能担负起教育别人的任务。"②

毛泽东十分重视马克思主义意识形态阵地的占领，他要求各级宣传部门要把宣传马克思主义和党的路线、方针和政策作为首要任务，"办好报纸，把报纸办得引人入胜，在报纸上正确地宣传党的方针政策，通过报纸加强党和群众的联系，这是党的工作中的一项不可小看、有重大原则意义的问题。"③ "报纸的作用和力量，就在它能使党的纲领路线、方针政策、工作任务和工作方法，最迅速最广泛地同群众见面。"④ 毛泽东要求把新闻出版和文学艺术方面的工作当作各级党委的大事来抓，并明确指出，"要责成省委、地委、县委书记管思想工作，管报纸、学校、文学艺术和广播。"⑤ 为了建设强大的马克思主义意识形态工作队伍，毛泽东指出，"为了建成社会主义，工人阶级必须有自己的技术干部队伍，必须有自己的教授、教员、科学家、新闻记者、文学家、艺术家和马克思主义理论家的队伍。这是一支宏大的队伍，人少了是不成的。"⑥ "各省、市、自治区要有自己的马克思主义理论家，自己的科学家和技术人才，自己的文学家、艺术家和文艺理论家，要有自己的出色

---

① 毛泽东：《毛泽东文集》第 7 卷，人民出版社，1999，第 270 页。
② 毛泽东：《毛泽东文集》第 7 卷，人民出版社，1999，第 270-271 页。
③ 毛泽东：《毛泽东文集》第 4 卷，人民出版社，1991，第 1319 页。
④ 毛泽东：《毛泽东文集》第 4 卷，人民出版社，1991，第 1318 页。
⑤ 毛泽东：《毛泽东文集》第 7 卷，人民出版社，1999，第 247 页。
⑥ 中共中央文献研究室：《建国以来重要文献选编》第 10 册，中央文献出版社，1994，第491 页。

报纸和刊物的编辑和记者。"①

（3）注重党的思想建设，推动和促进意识形态安全

中国共产党的执政地位是其在领导无产阶级和劳动人民追求民族独立和民族复兴的伟大征程中，通过艰苦卓绝的革命斗争和社会主义建设探索逐步得到全体中国人民拥护和支持而确立的。历史与现实证明，中国共产党的执政是历史的必然和人民的选择，也是巩固和加强社会主义意识形态安全教育的坚强堡垒。在1954年召开的全国人民代表大会一届一次会议上，毛泽东宣告："领导我们事业的核心力量是中国共产党。指导我们思想的理论基础是马克思列宁主义。"② 没有中国共产党这样一个深受各族人民拥护和爱戴的领导核心，就不可能有中华人民共和国的建立。因此，坚持中国共产党的领导就是维护社会主义意识形态的安全。

中国共产党在取得执政地位后也面临着如何守住执政地位的问题。毛泽东指出，以马克思主义为指导思想的社会主义意识形态是防止党风蜕变、党员堕落的思想堤坝。毛泽东在长期的革命斗争实践中，尤其注重党的思想建设，通过党的思想建设来推动和促进意识形态安全。毛泽东曾经指出，"我们感觉无产阶级思想领导的问题，是一个非常重要的问题"③。在延安整风运动中，毛泽东明确指出，要把思想建党放在首位，"为要领导革命运动更好地发展，更快地完成，就必须从思想上组织上认真地整顿一番。而为要从组织上整顿，首先需要在思想上整顿，需要展开一个无产阶级对非无产阶级的思想斗争"④。毛泽东在认真总

---

① 中共中央文献研究室：《建国以来重要文献选编》第10册，中央文献出版社，1994，第492页。
② 毛泽东：《毛泽东选集》第6卷，人民出版社，1999，第350页。
③ 毛泽东：《毛泽东选集》第1卷，人民出版社，1991，第77页。
④ 毛泽东：《毛泽东选集》第3卷，人民出版社，1991，第875页。

结了延安整风运动的成功经验的基础上，提出以党内整风的形式来纯洁党员的党性，弘扬党的优良传统，清除一切非无产阶级错误思想的影响，确保全党上下统一思想，永葆无产阶级政党的阶级本色。

中华人民共和国成立之初，中国共产党执政地位面临着封建残余势力和资产阶级顽固势力的挑战，党内的骄傲自大情绪和官僚主义、宗派主义、主观主义又一次沉渣泛起，社会各界尤其是文艺界对中国共产党党内的官僚主义气息等问题进行了批评。党风问题已经成为影响中国共产党保持与人民群众血肉联系的一个严重问题。对此，1957 年 3 月，毛泽东在中国共产党全国宣传工作会议上指出，"要使几亿人口的中国人生活得好，要把我们这个经济落后、文化落后的国家，建设成为富裕的、强盛的、具有高度文化的国家，这是一个很艰巨的任务。我们所以要整风，现在要整风，将来还要整风，要不断地把我们身上的错误东西整掉，就是为了使我们能够更好地担负起这项任务"①。毛泽东认为，必须加强党的思想建设才能纯洁党性、端正党风，他号召全党上下要始终保持艰苦奋斗的作风，保持与人民群众的血肉联系，坚决与各种铺张浪费做斗争，用整风的办法整治主观主义、官僚主义、宗派主义。毛泽东反复强调，整风的目的就是要在党内营造出既有民主又有集中、既有纪律又有自由、既有统一意志又有个人心情愉悦的政治氛围，从而助力社会主义现代化建设。同时，培养和造就社会主义事业发展的接班人是马克思主义意识形态安全建设必须认真应对的重大问题。毛泽东结合国内外无产阶级政党的经验教训及中国的党情和国情，提出了合格接班人的五项衡量标准：要懂得马列主义，不要搞修正主义；要为大多数人民谋利益，不是为剥削阶级；要能够团结大多数人，团结广大群众和干部；要民主，有事和同志们商量；自己有错误，要做自我批评。这一理

---

① 毛泽东：《毛泽东文集》第 7 卷，人民出版社，1999，第 275 页。

论的提出是对社会主义事业接班人理论的重大创新，极大地弥补了马克思主义经典作家对社会主义事业接班人培养问题的缺失。

2. 邓小平意识形态安全思想

邓小平是中国社会主义改革开放和现代化建设的总设计师，是伟大的马克思主义者。邓小平科学定位意识形态的地位和作用，提出要以正确的、发展的马列主义毛泽东思想作为我国意识形态建设的指导思想，把四项基本原则作为意识形态理论建设的核心，强调意识形态的包容性和开放性，高度重视思想政治工作的地位和作用。

（1）坚持四项基本原则，反对资产阶级自由化

邓小平高度重视意识形态安全问题。他强调新时期的意识形态建设必须坚定不移地坚持四项基本原则这一根本立场，自觉地坚持意识形态领域里无产阶级和资产阶级的斗争。邓小平指出，"我们要在中国实现四个现代化，必须在思想政治上坚持四项基本原则。这是实现四个现代化的根本前提。"①"搞社会主义现代化建设是基本路线。要搞现代化使中国兴旺发达起来必须坚持四项基本原则，主要是坚持党的领导，坚持社会主义道路，反对资产阶级自由化，反对走资本主义道路。"②"自由化是一种什么东西？实质上就是要把我们中国现行的政策引导到走资本主义道路。这股思潮的代表人物是要把我们引导到资本主义方向上去。"③"所谓资产阶级自由化，就是要中国全盘西化，走资本主义道路。"④对于反对资产阶级自由化，邓小平旗帜鲜明地指出，"西方国家正在打一场没有硝烟的第三次世界大战。所谓没有硝烟，就是要社会主

① 邓小平：《邓小平文选》第2卷，人民出版社，1994，第164页。
② 邓小平：《邓小平文选》第3卷，人民出版社，1993，第248页。
③ 邓小平：《邓小平文选》第3卷，人民出版社，1993，第181页。
④ 邓小平：《邓小平文选》第3卷，人民出版社，1993，第207页。

义国家和平演变。"① "不要以为有一点精神污染不算什么，值不得大惊小怪。有的现象可能短期内看不出多大坏处。但是如果我们不及时注意和采取坚定地措施加以制止，而任其自由泛滥，就会影响更多的人走上邪路，后果就可能非常严重。"② "反对自由化，不仅这次要讲，还要讲十年二十年。这个思潮不顶住，加上开放必然进来许多乌七八糟的东西，一结合起来，是一种不可忽视的、对我们社会主义四个现代化的冲击。"③ 面对东欧剧变，邓小平告诫全党，"垮起来可是一夜之间啊。垮起来容易，建设就很难。在苗头出现时不在意，就会出事。"④ 因此，"在工作重心转到经济建设以后，全党要研究如何适应新的条件，加强党的思想工作，防止埋头经济工作、忽视思想工作的倾向。各级党委，首先是党委主要负责同志，要密切注视和深入研究思想战线的形势和问题。"⑤ "每个共产党员，更不必说每个党的思想理论工作者，决不允许在这个根本立场上有丝毫动摇。如果动摇了这四项基本原则中的任何一项，那就动摇了整个社会主义事业，整个现代化建设事业。"⑥ 同时，为了强调与资产阶级自由化斗争的长期性和复杂性，邓小平指出，在推进社会主义"四个"现代化的进程中，反对资产阶级自由化始终是中国共产党必须高度重视的重大政治问题。因此，四项基本原则的提出不仅彻底打退了资产阶级自由化思潮的进攻，彻底粉碎了图谋推翻中国共产党和中国特色社会主义的敌对分子的幻想，还坚持了马克思主义，维护了中国特色社会主义意识形态安全。正是由于邓小平始终坚定不移地

① 邓小平：《邓小平文选》第 3 卷，人民出版社，1993，第 344 页。
② 邓小平：《邓小平文选》第 3 卷，人民出版社，1993，第 45 页。
③ 邓小平：《邓小平文选》第 3 卷，人民出版社，1993，第 181 页。
④ 邓小平：《邓小平文选》第 3 卷，人民出版社，1993，第 379 页。
⑤ 邓小平：《邓小平文选》第 3 卷，人民出版社，1993，第 48 页。
⑥ 邓小平：《邓小平文选》第 2 卷，人民出版社，1994，第 173 页。

反对资产阶级自由化，才确保了中国共产党在改革开放进程中能够成功地遏制资产阶级由自由化思潮产生的严重冲击，从而避免了重蹈苏联共产党共覆辙的悲剧。对于中国共产党和全体人民起到了很好的警示作用，并充分发挥出马克思主义意识形态的稳定政治、发展经济、文化凝聚和社会组织动员等功能。

（2）坚持"两手抓，两手都要硬"的方针，牢牢占领意识形态阵地

社会主义精神文明是社会主义社会的重要特征。邓小平指出："我们的国家已经进入社会主义现代化建设的新时期。我们要在大幅度提高社会生产力的同时，改革和完善社会主义的经济制度和政治制度，发展高度的社会主义民主和完备的社会主义法制。我们要在建设高度物质文明的同时，提高全民族的科学文化水平，发展高尚的丰富多彩的文化生活，建设高度的社会主义精神文明。"①

邓小平认为，要加强社会主义精神文明建设，以此推动和加强社会主义意识形态建设。物质文明和精神文明都搞好，才是中国特色的社会主义。一手抓物质文明，一手抓精神文明，"两手抓，两手都要硬"，这是我国社会主义现代化建设的一个根本方针。"所谓精神文明，不但是指教育、科学、文化（这是完全必要的）。而且是指共产主义的思想、理想、信念、道德、纪律、革命的立场和原则，人与人的同志式关系，等等。"② 邓小平多次指出，"不加强精神文明的建设，物质文明的建设也要受到破坏，走弯路。"③ "经济建设这一手我们搞得相当有成绩，形势喜人，这是我们国家的成功。但风气如果坏下去，经济搞成功又有什么意义？会在另一方面变质，反过来影响整个经济变质，发展下

---

① 邓小平：《邓小平文选》第2卷，人民出版社，1994，第367页。
② 邓小平：《邓小平文选》第2卷，人民出版社，1994，第367页。
③ 邓小平：《邓小平文选》第3卷，人民出版社，1993，第144页。

去会形成贪污、盗窃、贿赂横行的世界。"① 他旗帜鲜明地指出，必须坚决抵制外来腐朽思想的侵蚀。越是集中力量发展经济、越是加快改革开放的步伐，就越需要社会主义精神文明提供强大的精神动力和智力支持，以保证物质文明建设的顺利进行。

邓小平强调："党和政府愈是实行各项经济改革和对外开放的政策，党员尤其是党的高级负责干部……愈要身体力行共产主义思想和共产主义道德。否则，我们自己在精神上解除了武装，还怎么能教育青年，还怎么能领导国家和人民建设社会主义!"② 如果"没有好的道德观念和社会风气，即使现代化建设起来了也不好，富起来了也不好。"③ 为此，"文艺工作者，要同教育工作者、理论工作者、新闻工作者、政治工作者以及其他有关同志相互合作，在意识形态领域中，同各种妨害四个现代化的思想习惯进行长期的、有效的斗争。"④ "在思想战线上的战士，都应当是人类灵魂工程师。在当前这个转变时期，在社会主义精神文明和整个社会主义建设事业中，他们在思想教育方面的责任尤其重大。"⑤ 党的十二届六中全会根据邓小平关于加强精神文明建设的思想，提出以经济建设为中心，坚定不移地进行经济体制改革，坚定不移地进行政治体制改革，坚定不移地加强精神文明建设，并且使这几个方面互相配合，互相促进，初步形成我国社会主义现代化建设的总体布局。精神文明建设在这一总体布局中的战略地位，决定了它必须是推动社会主义现代化建设的精神文明建设，必须是促进全面改革和实行对外开放的精神文明建设，必须是坚持四项基本原则的精神文明建设。这就是党的

---

① 邓小平：《邓小平文选》第3卷，人民出版社，1993，第154页。
② 邓小平：《邓小平文选》第2卷，人民出版社，1994，第367页。
③ 邓小平：《邓小平年谱》下，中央文献出版社，2004，第705-706页。
④ 邓小平：《邓小平文选》第2卷，人民出版社，1994，第209页。
⑤ 邓小平：《邓小平文选》第3卷，人民出版社，1993，第40页。

基本路线所要求的社会主义精神文明建设的基本指导方针。在推进中华民族伟大复兴的伟大实践中，加强社会主义精神文明建设有利于巩固和发展我国意识形态安全，高举马克思主义旗帜，同一切"和平演变""颜色革命"等图谋做斗争，使中国特色社会主义现代化建设不走上邪路和弯路。

（3）加强马克思主义意识形态教育

邓小平非常重视在人民群众中进行马克思主义意识形态教育，"要特别教育我们的下一代下两代，一定要树立共产主义的远大理想。一定不能让我们的青少年作资本主义腐朽思想的俘虏，那绝对不行。"①

邓小平在总结历史经验的基础上，尤其强调要加强理想信念教育，"我们这么大一个国家，怎样才能团结起来、组织起来呢？一靠理想，二靠纪律。组织起来就有力量。没有理想，没有纪律，我们的建设怎么能够成功？"② 邓小平指出，"要团结就要有共同的理想和坚定的信念。没有这样的信念，就没有凝聚力。没有这样的信念，就没有一切。"③ "有了共同的理想，也就有了铁的纪律。无论过去、现在和将来，这都是我们的真正优势。"④ 邓小平强调要教育好人民群众，不是抽象地谈理想信念，而是与广大人民群众的现实利益结合起来。邓小平指出，"群众关心的实际生活问题和时事政策问题，各级领导一定要经常据实讲解，告诉大家客观的情况以及党和政府所做的努力，并且对群众所反映的不合理现象及时纠正。群众从事实上感觉到党和社会主义好，这样，理想纪律教育，共产主义思想教育和爱国主义教育，才会有效。"⑤

---

① 邓小平：《邓小平文选》第 3 卷，人民出版社，1993，第 111 页。
② 邓小平：《邓小平文选》第 3 卷，人民出版社，1993，第 111 页。
③ 邓小平：《邓小平文选》第 3 卷，人民出版社，1993，第 190 页。
④ 邓小平：《邓小平文选》第 3 卷，人民出版社，1993，第 144 页。
⑤ 邓小平：《邓小平文选》第 3 卷，人民出版社，1993，第 144 页。

同时，邓小平高度重视对马克思主义意识形态的宣传引导，"广泛使用一切武器（宣传队、剧团、部队指战员的宣传、政府出布告、开大会、开座谈会、演讲会、画展等），宣传我们的主张和政策，驳斥敌人的造谣和欺骗，占领思想阵地，安定民心，造成新区的新气象。"① "要大力宣传社会主义的优越性，宣传马克思列宁主义、毛泽东思想的正确性，宣传党的领导，党和人民群众团结一致的威力，宣传社会主义中国的巨大成就和无限前途，宣传为社会主义中国的前途而奋斗是当代青年的最崇高的使命和荣誉。总之，要使我们党的报刊成为全国安定团结的思想上的中心。报刊、广播、电视都要把促进安定团结，提高青年的社会主义觉悟，作为自己的一项经常性的、基本的任务。"② 邓小平强调，"理想和纪律特别重要。我们一定要经常教育我们的人民，尤其是我们的青年，要有理想。"③ "我们一定要教育好我们的后一代，一定要从各方面采取有效的措施，搞好我们的社会风气，打击那些严重败坏社会风气的恶劣行为。"④ 邓小平尤其重视在学校开展社会主义意识形态教育，"应该使受教育者在德育、智育、体育几方面都得到发展，成为有社会主义觉悟的有文化的劳动者。"⑤ 为此，要"加强各级学校的政治教育、形势教育、思想教育、包括人生观教育、道德教育。"⑥ "学校应该永远把坚定正确的政治方向放在第一位。"⑦ "从事教育工作的同志，各个有关部门的同志，整个社会的家家户户，都来关心青少年思想政治的进步……尤其是中小学教师和幼儿教育工作者，负有培养革命接班人的幼

---

① 邓小平：《邓小平文选》第1卷，人民出版社，1994，第128页。
② 邓小平：《邓小平文选》第3卷，人民出版社，1993，第14页。
③ 邓小平：《邓小平文选》第3卷，人民出版社，1993，第110页。
④ 邓小平：《邓小平文选》第2卷，人民出版社，1994，第177页。
⑤ 邓小平：《邓小平文选》第2卷，人民出版社，1994，第103页。
⑥ 邓小平：《邓小平文选》第2卷，人民出版社，1994，第369页。
⑦ 邓小平：《邓小平文选》第2卷，人民出版社，1994，第104页。

苗的重任。"①

3. 江泽民关于意识形态安全的论述

20 世纪 80 年代末 90 年代初，国内发生严重政治风波，国际上苏联解体、东欧剧变，世界社会主义出现严重曲折，我国社会主义事业的发展面临空前巨大的困难和压力，我们党和国家处在决定前途命运的重大历史关头。面对复杂的国内外形势，为了更好地化解意识形态安全面临的挑战和威胁，以江泽民为主要代表的中国共产党人，科学判断形势，全面把握大局，进行艰辛探索，从容应对困难和风险，以发展社会主义先进文化为着力点，创造性地提出了用先进文化引领意识形态的新思路、新观点，为社会主义意识形态发展建设指明了新方向，把社会主义意识形态建设推向新的阶段。

（1）坚持马克思主义在意识形态领域的指导地位

江泽民高度重视意识形态工作，他指出，"任何一个国家的统治阶级，为了巩固其政治统治，都要维护和发展自己占统治地位的意识形态。这是一条普遍的社会规律。"②"西方国家都要一套系统的方法和手段，来对他们的官员、学生、群众、军队灌输资本主义的思想、价值观和政治信条。"③ 由此可见，"任何一个社会的意识形态领域，总是由那个社会的统治阶级的思想占统治地位。"④ 因此，加强马克思主义意识形态的核心问题，"最根本的是坚持和巩固马克思主义在我国意识形态领域的指导地位。"⑤ "马克思主义的基本原理任何时候都要坚持，否则我们的事业就会因为没有正确的理论基础和思想灵魂而迷失方向，就会

① 邓小平：《邓小平文选》第 2 卷，人民出版社，1994，第 105 页。
② 江泽民：《江泽民文选》第 3 卷，人民出版社，2006，第 228 页。
③ 江泽民：《江泽民文选》第 3 卷，人民出版社，2006，第 86 页。
④ 江泽民：《江泽民文选》第 3 卷，人民出版社，2006，第 228 页。
⑤ 江泽民：《江泽民文选》第 3 卷，人民出版社，2006，第 86 页。

归于失败。"① "如果放弃马克思主义的指导地位，在指导思想上搞多元化，势必导致人心大乱、天下大乱，给党和国家带来灾难。这是决不允许的。"② "必须坚持马克思主义的立场、观点和方法，坚持马克思主义的基本原理。"③ "我们共产党人是无神论者，我国是社会主义国家，当然不能用封建主义、资本主义的思想意识和价值观念，也不能用宗教作为全社会的精神支柱。我们必须坚持用马克思列宁主义、毛泽东思想、邓小平理论，用爱国主义、集体主义、社会主义思想，作为凝聚和团结全党全国人民的坚强精神支柱，并确立建设有中国特色社会主义共同理想。"④

（2）加强党对意识形态工作的领导

以江泽民为核心的共产党人高度重视意识形态安全问题，深刻认识到"意识形态领域是和平演变和反和平演变斗争的重要领域"⑤，将意识形态安全视为"党的生命的一部分"，党中央集中全党智慧，以大无畏的精神勇气创新意识形态理论，提出用先进思想文化占领意识形态阵地，形成"三个代表"重要思想，强调社会主义先进文化在社会主义意识形态中的重要作用。江泽民指出，意识形态工作的领导权，直接关系到国家意识形态主权，"国家要独立，不仅政治上、经济上要独立，思想文化上也要独立。"⑥ "当今世界激烈的综合国力竞争，不仅包括经济实力、科技实力、国防实力等方面的竞争，也包括文化方面的竞争……总体上处于弱势地位的广大发展中国家，不仅在经济发展上面临

---

① 江泽民：《江泽民文选》第3卷，人民出版社，2006，第282页。
② 江泽民：《江泽民文选》第3卷，人民出版社，2006，第86页。
③ 江泽民：《江泽民文选》第3卷，人民出版社，2006，第335页。
④ 江泽民：《江泽民文选》第3卷，人民出版社，2006，第199页。
⑤ 江泽民：《江泽民文选》第1卷，人民出版社，2006，第106页。
⑥ 江泽民：《江泽民论有中国特色社会主义》专题摘编，中央文献出版社，2002，第388页。

严峻挑战，在文化发展上也面临着严峻挑战。"① "西方国家一直没有放松在思想、政治、文化、宗教等方面对我们施加影响和进行渗透。东欧剧变、苏联解体以后，国际敌对势力自以为得计，声称他们对社会主义国家的和平演变战略取得了决定性胜利，妄言社会主义国家将很快在地球上消失，加紧对中国实施'西化''分化'战略。"② "西化"就是"在思想文化上用资本主义意识形态取代社会主义意识形态。"③ 因此，"各级党委要重视意识形态工作，加强对意识形态工作的领导，牢牢掌握意识形态各部门的领导权。"④ 要掌握意识形态领导权，必须坚持执政党的意识形态，"旗帜问题至关重要。旗帜就是方向，旗帜就是形象。"⑤ "无论对党还是对党的干部来说，理论上成熟都是政治上成熟的基础。我们党坚持马克思主义基本原理同中国的具体实际相结合，形成自己的科学理论，这是我们党政治上成熟的根本标志。"⑥

（3）加强社会主义意识形态阵地建设

江泽民高度重视用马克思主义占领意识形态阵地。他指出，"我们党历来重视意识形态工作。这方面工作做得好不好，直接关系社会主义事业的成败。意识形态领域是和平演变和反和平演变斗争的重要领域。资产阶级自由化同四项基本原则的对立和斗争，实质是要不要坚持共产党领导、坚持社会主义道路的政治斗争，但这种政治斗争大量地经常性地表现为意识形态领域的思想理论斗争。思想宣传阵地，社会主义思想

---

① 江泽民：《江泽民文选》第3卷，人民出版社，2006，第399页。
② 江泽民：《江泽民文选》第1卷，人民出版社，2006，第573页。
③ 江泽民：《江泽民文选》第1卷，人民出版社，2006，第573页。
④ 江泽民：《江泽民文选》第1卷，人民出版社，2006，第160页。
⑤ 江泽民：《江泽民文选》第2卷，人民出版社，2006，第1页。
⑥ 中共中央文献研究室：《十四大以来重要文献选编》下，人民出版社，1999，第1960页。

不去占领，资本主义思想就必然会去占领。"① "任何一个社会的思想领域，总是由那个社会的统治阶级的思想占统治地位的。任何一个国家的统治阶级，为了巩固其政治统治，都要竭力维护和发展其占统治地位的意识形态。西方国家从来就不允许马克思主义在他们的意识形态中居于指导地位。"② "东欧剧变、苏联解体，就与西方国家长期进行的意识形态渗透有密切关系。"③ 因此，必须加强社会主义意识形态阵地建设，"思想文化阵地，马克思主义、无产阶级的思想不去占领，各种非马克思主义、非无产阶级的思想甚至反马克思主义的思想就会去占领。从上到下的一切思想文化阵地，包括理论、新闻、出版、报刊、小说、诗歌、音乐、绘画、舞蹈、戏剧、电影、电视、广播、网络等，都应该成为我们宣传科学理论、传播先进文化、塑造美好心灵的阵地，绝不能给违反四项基本原则、违反改革开放政策、违反党的方针政策的错误观点，以及危害人民特别是青少年身心健康的东西提供传播渠道。"④

大力发展社会主义先进文化，必须牢牢把握先进文化的前进方向，建设社会主义精神文明，不断满足人民群众日益增长的精神文化需求，不断丰富人民的精神世界，增强人民的精神力量。江泽民指出，社会主义精神文明是我们进行改革开放和现代化建设的重要目标，也是搞好改革开放和现代化建设的重要保证。精神文明建设搞好了，人心凝聚，精神振奋，经济建设和其他各项事业就会全面兴盛。发展社会主义先进文化，就是发展面向现代化、面向世界、面向未来的，民族的科学的大众的社会主义文化。江泽民指出，加强文化建设，必须"以科学的理论

---

① 江泽民：《江泽民文选》第 1 卷，人民出版社，2006，第 160 页。
② 江泽民：《江泽民文选》第 3 卷，人民出版社，2006，第 86 页。
③ 江泽民：《江泽民文选》第 3 卷，人民出版社，2006，第 83 页。
④ 江泽民：《江泽民文选》第 2 卷，人民出版社，2006，第 332 页。

武装人，以正确的舆论引导人，以高尚的精神塑造人，以优秀的作品鼓舞人。"① 面对世界范围各种思想文化的相互激荡，必须把弘扬和培育民族精神作为文化建设极为重要的任务，纳入国民教育全过程，纳入精神文明建设全过程。

（4）重视青年学生的马克思主义意识形态教育

发展社会主义先进文化，必须做好思想政治工作。思想政治工作是经济工作和其他一切工作的生命线，是我们党和社会主义国家的重要政治优势。越是发展经济、越是改革开放，越要重视思想政治工作。江泽民高度重视学校对青年学生的马克思主义意识形态教育。江泽民指出，"正确的世界观、人生观、价值观的确立，民族优良传统的发扬，共同理想和精神支柱的形成和巩固，科学文化水平的提高，都离不开教育工作。"② "加强理论教育、思想教育和政治工作的目的，就是要引导和帮助大学生树立正确的世界观、人生观、价值观，打下科学理论的基础，确立为建设有中国特色社会主义而奋斗的政治方向。这样才能增强青少年抵制错误思潮和拜金主义、享乐主义、极端个人主义等腐朽思想侵蚀的能力。"③ 江泽民强调，"不断增强学生和群众的爱国主义、集体主义、社会主义思想，是素质教育的灵魂……就是对干部群众和学生必须认真进行中国历史、地理、文学知识和政治知识的教育。没有这些知识的武装，人们的爱国主义、集体主义、社会主义思想是难以确立起来的。在学校中，对数学、物理、化学、外语等知识的教育要重视，对上面讲的这些知识的教育也要重视。如果轻视思想政治教育、历史知识教育和人格培养，那就会产生很大的片面性，而这种片面性往往会影响人

---

① 江泽民：《江泽民文选》第3卷，人民出版社，2006，第85页。
② 江泽民：《江泽民文选》第2卷，人民出版社，2006，第331页。
③ 江泽民：《江泽民文选》第1卷，人民出版社，2006，第372页。

一生的轨迹。这一点，请教育战线的领导者、管理者和广大教师千万要加以注意。"[1] 要弘扬爱国主义精神，以为人民服务为核心、以集体主义为原则、以诚实守信为重点，加强社会公德、职业道德和家庭美德教育，广泛开展群众性精神文明创建活动，引导大学生树立中国特色社会主义共同理想，树立正确的世界观、人生观和价值观。同时，"必须建设一支政治强、业务精、纪律严、作风正的专兼结合的思想政治工作队伍。"[2]

4. 胡锦涛意识形态安全思想

党的十六大以来，以胡锦涛为总书记的党中央领导全国人民在加快推进社会主义现代化建设、全面建设小康社会的新征程中，始终高度重视社会主义意识形态建设，提出构建社会主义和谐社会的重大战略任务。

（1）加强对意识形态工作的领导，维护意识形态安全

党的十六大以来，随着世情、国情、党情的深刻变化，意识形态领域也发生了前所未有的深刻变化。以胡锦涛同志为总书记的党中央高度重视党和国家的意识形态安全工作，切实维护和加强我国意识形态安全。2004 年 9 月，胡锦涛在党的十六届四中全会上《做好当前党和国家的各项工作》的重要讲话中指出，"意识形态领域历来是敌对势力同我们激烈争夺的重要阵地，如果这个阵地出了问题，就可能导致社会动乱甚至丧失政权。敌对势力要搞乱一个社会、颠覆一个政权，往往总是先从意识形态领域打开突破口，先从搞乱人们的思想下手。"[3] 作为国家重要软实力的意识形态，越来越成为各国政党用以争夺广大民众的重

---

① 江泽民：《江泽民文选》第 2 卷，人民出版社，2006，第 332 页。

② 江泽民：《江泽民文选》第 3 卷，人民出版社，2006，第 96 页。

③ 中共中央文献研究室：《十六大以来重要文献选编》中，中央文献出版社，2006，第 18 页。

要手段。胡锦涛强调，"能不能把宣传舆论工作抓在手上，关系人心向背，关系事业兴衰，关系党的执政地位。"① "各级党委和各级领导干部特别是主要负责同志都要从提高党的执政能力、巩固党的执政地位、完成党的执政使命的战略高度来谋划意识形态工作。加强和改进对意识形态工作的领导，提高做好新形势下意识形态工作的能力，牢牢掌握意识形态工作的领导权和主动权"②，要"牢牢掌握意识形态工作领导权和主导权，坚持正确导向，提高引导能力，壮大主流思想舆论。"③

（2）建设社会主义核心价值体系，增强社会主义意识形态的吸引力

社会主义核心价值体系是兴国之魂，决定着中国特色社会主义发展方向。胡锦涛指出，"社会主义核心价值体系是根源于民族优秀文化和社会主义先进文化并吸收人类文明成果发展起来的，适应了时代发展要求，集中反映着当代中国人民的理想信念和精神追求，是我国社会主义文化的引领和主导。"④ 马克思主义指导思想，中国特色社会主义共同理想，以爱国主义为核心的民族精神和以改革开放为核心的时代精神，社会主义荣辱观，构成社会主义核心价值体系的基本内容。它鲜明地回答了在新的历史条件下，我们党用什么样的精神旗帜团结带领全体人民开拓创新、中华民族以什么样的精神面貌屹立于世界民族之林的重大问题。胡锦涛指出，"建设社会主义核心价值体系，增强社会主义意识形

---

① 中共中央文献研究室：《十六大以来重要文献选编》上，中央文献出版社，2005，第535页。

② 中共中央文献研究室：《十六大以来重要文献选编》下，中央文献出版社，2008，第684页。

③ 胡锦涛：《坚定不移沿着中国特色社会主义道路前进　为全面建成小康社会而奋斗——在中国共产党第十八次全国代表大会上的报告》，人民出版社，2012，第32页。

④ 中共中央文献研究室：《十七大以来重要文献选编》下，中央文献出版社，2013，第618页。

态的吸引力和凝聚力。社会主义核心价值体系是社会主义意识形态的本质体现。要巩固马克思主义指导地位，坚持不懈地用马克思主义中国化最新成果武装全党、教育人民，用中国特色社会主义共同理想凝聚力量，用以爱国主义为核心的民族精神和以改革创新为核心的时代精神鼓舞斗志，用社会主义荣辱观引领风尚，巩固全党全国各族人民团结奋斗的共同思想基础"[1]，要"积极探索用社会主义核心价值体系引领社会思潮的有效途径，主动做好意识形态工作，既尊重差异、包容多样，又有力抵制各种错误和腐朽思想的影响"[2]。"加强党员、干部理想信念教育和思想道德建设，使广大党员、干部成为实践社会主义核心价值体系的模范，做共产主义远大理想和中国特色社会主义共同理想的坚定信仰者、科学发展观的忠实执行者、社会主义荣辱观的自觉实践者、社会和谐的积极促进者。"[3]"建设社会主义核心价值体系，增强社会主义意识形态的吸引力和凝聚力。"[4] 要"切实把社会主义核心价值体系融入国民教育和精神文明建设全过程，转化为人民的自觉追求"[5]。

（3）重视社会主义先进文化建设，提高国家文化软实力

文化是民族的血脉，是人民的精神家园。当今时代，文化越来越成为民族凝聚力和创造力的重要源泉、越来越成为综合国力竞争的重要因素，越来越成为经济社会发展的重要支撑，丰富精神文化生活越来越成

---

[1] 中共中央文献研究室：《十七大以来重要文献选编》上，中央文献出版社，2009，第 26 页。

[2] 中共中央文献研究室：《十七大以来重要文献选编》上，中央文献出版社，2009，第 27 页。

[3] 中共中央文献研究室：《十七大以来重要文献选编》上，中央文献出版社，2009，第 39 页。

[4] 中共中央文献研究室：《十七大以来重要文献选编》上，中央文献出版社，2009，第 176 页。

[5] 中共中央文献研究室：《十七大以来重要文献选编》上，中央文献出版社，2009，第 26 页。

为我国人民的热切愿望。胡锦涛指出，国家富强、民族振兴、人民生活幸福安康，需要强大的经济力量，也需要强大的文化力量。物质贫乏不是社会主义，精神空虚也不是社会主义。没有社会主义文化繁荣发展，就没有社会主义现代化。胡锦涛强调，要树立高度的文化自觉和文化自信，兴起社会主义文化建设新高潮，提高国家文化软实力，加快建设与我国深厚文化底蕴和丰富文化资源相匹配、与中国特色事业总体布局相适应、与建设富强、民主、文明、和谐的社会主义现代化国家的目标相承接的社会主义文化强国。要坚定不移走中国特色社会主义文化发展道路，坚持为人民服务、为社会主义服务的方向，坚持百花齐放、百家争鸣的方针，坚持贴近实际、贴近生活、贴近群众的原则，推动社会主义物质文明和精神文明全面发展，建设面向现代化、面向世界、面向未来的、面向民族的科学的大众的社会主义文化。

胡锦涛高度重视社会主义先进文化建设。他指出，"面对当今世界各种思想文化相互激荡的大潮，面对国家发展和人民生活改善对文化发展的要求，面对社会文化生活多样活跃的态势，如何找准我国文化发展的方位，创造民族文化的新辉煌，增强我国文化的国际竞争力，提升国家软实力，是摆在我们面前的一个重大现实课题。"[1] "要坚持社会主义先进文化的前进方向，兴起社会主义文化建设新高潮，激发全民族文化创造活力，提高国家文化软实力，使社会文化生活更加丰富多彩，使人民精神风貌更加昂扬向上。"[2] 胡锦涛尤其注重文化安全，维护主流文化价值体系，捍卫国家文化主权的独立性和自主性。胡锦涛指出，"要始终高举社会主义文化旗帜，在文化观念上决不照抄照搬，在发展模式

---

[1] 中共中央文献研究室：《十七大以来重要文献选编》下，中央文献出版社，2013，第752页。

[2] 中共中央文献研究室：《十七大以来重要文献选编》上，中央文献出版社，2009，第26页。

上决不简单模仿，坚决防范和抵御各种腐朽落后的文化观念侵蚀干部群众的思想，确保国家的文化安全和社会稳定。"① 胡锦涛从增强国家安全意识，强化国家意识形态安全的战略高度指出，要"坚决粉碎国内外敌对势力的渗透、破坏、颠覆活动，坚决维护国家政治安全、经济安全、文化安全、信息安全。"②

（4）坚持社会主义办学方向，加强和改进学校思想政治工作

胡锦涛高度重视对青少年学生的思想政治教育。他指出，"只有培养造就千千万万具有高尚思想品质和良好道德修养，掌握现代化建设所需要的丰富知识和扎实本领的建设者和接班人，才能确保党和国家的事业代代相传，才能实现党和国家的长治久安。"③ 他强调，"科学的理论是开展未成年人思想道德建设的行动指南。必须坚持用马克思主义指导未成年人思想道德建设，使之始终沿着正确的政治方向前进。"④ "要使大学生成长为中国特色社会主义事业的合格建设者和可靠接班人，不仅要大力提高他们的科学文化素质，更要大力提高他们的思想政治素质。"⑤ 为此应"充分发挥党组织在教育改革和发展中的作用。要坚持社会主义办学方向，牢牢把握党对学校意识形态工作的主导权，加强和改进学校思想政治工作，加强校园文化建设。"⑥ "高校党组织要围绕培养社会主义建设者和接班人的根本任务，着力做好学生和青年教师的思

---

① 胡锦涛：《胡锦涛在中共中央政治局第七次集体学习会议上的讲话》，《人民日报》2003 年 8 月 13 日。

② 中共中央文献研究室：《十七大以来重要文献选编》上，中央文献出版社，2009，第 491 页。

③ 中共中央文献研究室：《十七大以来重要文献选编》中，中央文献出版社，2006，第 75 页。

④ 中共中央文献研究室：《十七大以来重要文献选编》中，中央文献出版社，2006，第 79 页。

⑤ 中共中央文献研究室：《十七大以来重要文献选编》中，中央文献出版社，2006，第 633 页。

⑥ 胡锦涛：《在全国教育工作会议上的讲话》，人民出版社，2010，第 24 页。

想政治工作。"① "各高校要切实担负起加强和改进思想政治教育工作的责任。"② "下功夫提高大学生思想政治素质,引导大学生树立正确的理想信念,增强政治鉴别力,有效防范和抵御敌对势力的思想渗透。"③ "广大教师要自觉坚持社会主义核心价值体系,带头实践社会主义荣辱观,不断加强师德修养……静下心来教书,潜下心来育人,努力做受学生爱戴、让人民满意的教师。"④

5. 习近平总书记关于意识形态安全的论述

党的十八大以来,以习近平同志为核心的党中央领导集体,在带领全国各族人民致力实现中华民族伟大复兴的奋斗征程中,高度重视意识形态及意识形态安全建设,指出意识形态工作是一项极端重要的工作,提出要大力加强社会主义核心价值体系建设和社会主义核心价值观教育。习近平总书记关于意识形态及意识形态安全的论述,对大数据时代高校意识形态安全建设具有重要的指导意义。

(1) 坚持马克思主义在意识形态领域指导地位

意识形态关乎旗帜、关乎道路、关乎国家安全,决定文化前进方向和道路。党的十九届四中全会着眼新时代党和国家事业全局,明确把坚持马克思主义在意识形态领域的指导地位确立为根本制度,集中体现了我们党在领导文化建设长期实践中积累的成功经验和形成的方针原则,充分反映了我们党对社会主义文化建设规律的新认识。习近平总书记强调指出,"经济建设是党的中心工作,意识形态工作是党的一项极端重

---

① 中共中央文献研究室:《十七大以来重要文献选编》中,中央文献出版社,2006,第293页。

② 中共中央文献研究室:《十七大以来重要文献选编》中,中央文献出版社,2006,第645页。

③ 中共中央文献研究室:《十七大以来重要文献选编》中,中央文献出版社,2006,第634页。

④ 胡锦涛:《在全国优秀教师代表座谈会上的讲话》,人民出版社,2007,第7页。

要的工作。"① "只有物质文明和精神文明建设都搞好，国家物质力量和精神力量都增强，全国各族人民物质生活和精神生活都改善，中国特色社会主义事业才能顺利推向前进。"② "能否做好意识形态工作，事关党的前途命运，事关国家长治久安，事关民族凝聚力和向心力。"③ 坚持马克思主义在意识形态领域指导地位的根本制度，是坚持和加强党对宣传文化事业全面领导的本质要求；是恪守党的本质属性、巩固党的团结统一的必然要求；是坚持正确发展道路、实现国家长治久安的必然要求；是筑牢全体人民共同思想基础、凝聚团结奋进强大精神力量的必然要求；是保证我国文化建设正确方向、更好地担负起新时代使命任务的必然要求。要增强政治自觉、思想自觉、行动自觉，强化制度意识、抓好制度执行、牢牢掌握意识形态工作领导权，努力在守正创新中推动社会主义文化繁荣昌盛。习近平总书记指出，"马克思主义、列宁主义、毛泽东思想一定不能丢，丢了就丧失根本。同时，我们一定要以我国改革开放和现代化建设的实际问题、以我们正在做的事情为中心，着眼于新的实践和新的发展。在当代中国，坚持中国特色社会主义理论体系，就是真正坚持马克思主义。"④ "对马克思主义的信仰，对社会主义和共产主义的信念，是共产党人的政治灵魂，是共产党人经受住任何考验的精神支柱。"⑤ 把马克思主义指导地位贯穿到文化建设各方面。坚持马

---

① 习近平：《习近平在全国宣传思想工作会议上强调胸怀大局把握大势着眼大事 努力把宣传思想工作做得更好》，《人民日报》2013 年 8 月 21 日第 1 版。

② 习近平：《习近平在全国宣传思想工作会议上强调胸怀大局把握大势着眼大事 努力把宣传思想工作做得更好》，《人民日报》2013 年 8 月 21 日第 1 版。

③ 习近平：《〈习近平总书记系列重要讲话读本〉六、创造中华文化新的辉煌——关于建设社会主义文化强国》，《人民日报》2014 年 7 月 9 日第 15 版。

④ 习近平：《习近平在十八届中共中央政治局第一次集体学习时的讲话》，《人民日报》2012 年 11 月 19 日第 1 版。

⑤ 习近平：《习近平在十八届中共中央政治局第一次集体学习时的讲话》，《人民日报》2012 年 11 月 19 日第 1 版。

克思主义在意识形态领域指导地位的根本制度，理论武装、新闻宣传、文艺创作生产、文化体制改革、精神文明创建、网络建设管理等文化领域的一切工作和活动都要紧紧围绕这一根本制度来开展、来推进，要高扬马克思主义旗帜，确保我国文化建设始终沿着正确方向前进。努力推动建设具有强大凝聚力和引领力的社会主义意识形态，建设具有强大生命力的社会主义精神文明，建设具有强大感召力和影响力的中华文化软实力。习近平总书记强调，广大党员干部要加强马克思主义理论学习，"首先要认真学习马克思主义理论，这是我们做好一切工作的看家本领，也是领导干部必须普遍掌握的工作制胜的看家本领。""思想教育要突出重点，加强党性和道德教育，引导党员、干部坚定理想信念，坚守共产党人精神追求。党员、干部必须认真学习马克思列宁主义、毛泽东思想，特别是中国特色社会主义理论体系，自觉用贯穿其中的立场、观点方法武装头脑、指导实践、推动工作，始终不渝为中国特色社会主义共同理想而奋斗"①。实施马克思主义理论研究和建设工程，不断深化对党的基本理论、基本路线、基本方略的研究，深化对中国特色社会主义道路、理论、制度、文化的研究，为理论创新创造提供学理支撑。坚持用中国理论阐释中国实践，用中国实践发展中国理论，不断增强理论解释力、话语说服力、实践推动力。

（2）培育和践行社会主义核心价值观

核心价值观，承载着一个民族、一个国家的精神追求，体现着一个社会评判是非曲直的价值标准，是一个民族赖以维系的精神纽带，是一个国家共同的思想道德基础。如果没有共同的核心价值观，一个民族、一个国家就会魂无定所、行无依归。核心价值观是一个国家的重要稳定

---

① 《在党的群众路线教育实践活动总结大会上的讲话》，《人民日报》2014年10月9日。

器，能否构建具有强大感召力的核心价值观，关系社会和谐稳定，关系国家长治久安。社会主义核心价值体系是社会主义意识形态的本质。习近平总书记强调，"要加强社会主义核心价值体系建设，积极培育和践行社会主义核心价值观，全面提高公民道德素质，培育知荣辱、讲正气、做奉献、促和谐的良好风尚。"①"历史和现实都表明，构建具有强大感召力的核心价值观，关系社会和谐稳定，关系国家长治久安。"②为此，要"把培育和弘扬社会主义核心价值观作为凝魂聚气、强本固基的基础工程，继承和发扬中华优秀文化和传统美德，广泛开展社会主义核心价值观宣传教育，积极引导人们讲道德、遵道德、守道德，追求高尚的道德理想，不断夯实中国特色社会主义的思想道德基础。"③习近平总书记指出，"要认真汲取中华优秀传统文化的思想精华和道德精髓，大力弘扬以爱国主义为核心的民族精神和以改革创新为核心的时代精神，深入挖掘和阐发中华优秀传统文化讲仁爱、重民本、守诚信、崇正义、尚和合、求大同的时代价值，使中华优秀传统文化成为涵养社会主义核心价值观的重要源泉。"④一种价值观要真正发挥作用，必须通过强化教育引导、舆论宣传、文化熏陶、实践养成、制度保障等，将其融入社会生活，让人们在实践中感知它、领悟它，在落细、落小、落实上下功夫。培育和践行社会主义核心价值观，要坚持全民行动、干部带头，从家庭做起、从娃娃抓起。人民有信仰，国家有力量，民族有希

①　习近平：《习近平在全国宣传思想工作会议上强调胸怀大局把握大势着眼大事 努力把宣传思想工作做得更好》，《人民日报》2013年8月21日。
②　习近平：《习近平在中共中央政治局第十三次集体学习时强调把培育和弘扬社会主义核心价值观作为凝魂聚气强基固本的基础工程》，《人民日报》2014年2月26日。
③　习近平：《习近平在中共中央政治局第十三次集体学习时强调把培育和弘扬社会主义核心价值观作为凝魂聚气强基固本的基础工程》，《人民日报》2014年2月26日第1版。
④　习近平：《习近平在中共中央政治局第十三次集体学习时强调把培育和弘扬社会主义核心价值观作为凝魂聚气强基固本的基础工程》，《人民日报》2014年2月26日。

望。要扎实推进公民道德建设，实施文明创建工程，在全社会弘扬和培育社会主义核心价值观，使之成为全体人民的共同价值追求，成为人民自觉遵守的行为准则。党员干部要带头培育和践行社会主义核心价值观，用自己的模范行为和高尚人格感召群众、带动群众。要重视家庭建设，注重家庭、注重家教、注重家风，发扬光大中华民族传统家庭美德，促进下一代健康成长。培育和践行社会主义核心价值观，事关青年扣好人生的第一粒扣子，必须从小抓起、从学校抓起。要把社会主义核心价值观的基本内容和要求渗透到学校教育教学，体现在学校日常管理中，做到进教材、进课堂、进头脑，让社会主义核心价值观在青少年的心田中生根发芽。习近平总书记指出，"青年的价值取向决定了未来整个社会的价值取向，而青年又处在价值观形成和确立时期，抓好这一时期的价值观养成十分重要……青年要从现在做起、从自己做起，使社会主义核心价值观成为自己的基本遵循，并身体力行大力将其推广到全社会去"①。习近平总书记要求青年自觉践行社会主义核心价值观，"要勤学，下得苦功夫，求得真学问；要修德，加强道德修养，注重道德实践；要明辨，善于明辨是非，善于决断选择；要笃实，扎扎实实干事，踏踏实实做人。"②

（3）加强宣传思想工作

加强意识形态安全，必须高度重视宣传思想工作。习近平总书记强调，"宣传思想工作就是要巩固马克思主义在意识形态领域的指导地位，巩固全党全国人民团结奋斗的共同思想基础。"③"要深入开展中国

---

① 《青年要自觉践行社会主义核心价值观——在北京大学师生座谈会上的讲话》，《人民日报》2014 年 5 月 5 日第 2 版。
② 《青年要自觉践行社会主义核心价值观——在北京大学师生座谈会上的讲话》，《人民日报》2014 年 5 月 5 日第 2 版。
③ 习近平：《习近平在全国宣传思想工作会议上强调胸怀大局把握大势着眼大事 努力把宣传思想工作做得更好》，《人民日报》2013 年 8 月 21 日。

特色社会主义宣传教育，把全国各族人民团结和凝聚在中国特色社会主义伟大旗帜之下。"① 在新时代，明确要求宣传思想工作必须遵循团结稳定鼓劲、正面宣传为主的方针。"我们正在进行具有许多新的历史特点的伟大斗争，面临的挑战和困难前所未有，必须坚持巩固壮大主流思想舆论，弘扬主旋律，传播正能量，激发全社会团结奋进的强大力量。关键是要提高质量和水平，把握好时、度、效，增强吸引力和感染力，让群众爱听爱看、产生共鸣，充分发挥正面宣传鼓舞人、激励人的作用。在事关大是大非和政治原则问题上，必须增强主动性、掌握主动权、打好主动仗，帮助干部群众划清是非界限、澄清模糊认识。"② 要坚持宣传思想工作的人民性，"要树立以人民为中心的工作导向，把服务群众同教育引导群众结合起来，把满足需求同提高素养结合起来，多宣传报道人民群众的伟大奋斗和火热生活，多宣传报道人民群众中涌现出来的先进典型和感人事迹，丰富人民精神世界，增强人民精神力量，满足人民精神需求"③。习近平总书记强调，要在宣传思想工作中阐释中国特色，"宣传阐释中国特色，要讲清楚每个国家和民族的历史传统、文化积淀、基本国情不同，其发展道路必然有着自己的特色；讲清楚中华文化积淀着中华民族最深沉的精神追求，是中华民族生生不息、发展壮大的丰厚滋养；讲清楚中华优秀传统文化是中华民族的突出优势，是我们最深厚的文化软实力；讲清楚中国特色社会主义植根于中华文化沃土、反映中国人民意愿、适应中国和时代发展进步要求，有着深厚历史渊源和广泛现实基础。中华民族创造了源远流长的中华文化，中

① 习近平：《习近平在全国宣传思想工作会议上强调胸怀大局把握大势着眼大事 努力把宣传思想工作做得更好》，《人民日报》2013 年 8 月 21 日。

② 习近平：《习近平在全国宣传思想工作会议上强调胸怀大局把握大势着眼大事 努力把宣传思想工作做得更好》，《人民日报》2013 年 8 月 21 日。

③ 习近平：《习近平在全国宣传思想工作会议上强调胸怀大局把握大势着眼大事 努力把宣传思想工作做得更好》，《人民日报》2013 年 8 月 21 日第 1 版。

华民族也一定能够创造出中华文化新的辉煌"①。

加强意识形态安全建设必须落实意识形态工作责任制。坚持党管宣传、党管意识形态、党管媒体不动摇，压紧压实做好意识形态工作的政治责任、领导责任，把意识形态工作领导权牢牢掌握在党的手中，不断增强意识形态领域的主导权和话语权，切实维护政治安全、文化安全和意识形态安全。

（4）牢牢把握社会主义大学办学方向，加强和改进高校思想政治工作

加强和改进高校思想政治教育。青年正处于人生成长的"拔节孕穗期"，能否树立马克思主义的信仰，直接关系到能否培养合格的社会主义建设者和接班人问题。坚持社会主义办学方向，落实立德树人根本任务，建立全员、全程、全方位育人体制机制，用科学理论培养人，用正确思想引导人，用主流价值涵育人，引导广大青年扣好人生第一粒扣子，品学兼优地健康成长，更好担当起民族复兴的大任。深入推进思政课改革创新，在大中小学循序渐进、螺旋上升地开设思政课，编写好思政课教材，发挥好思政课教师的重要作用，不断增强思政课的思想性、理论性和亲和力、针对性。

不断深化对党的基本理论、基本路线、基本方略的研究，深化对中国特色社会主义道路、理论、制度、文化的研究，为理论创新提供学理支撑。推动马克思主义中国化最新成果进教材、进课堂、进头脑，使科学理论全面融入教育教学。

历史和现实表明，青年一代有理想、有担当，国家就有前途，民族就有希望，实现中华民族伟大复兴就有源源不断的强大力量。党的十八

---

① 习近平：《习近平在全国宣传思想工作会议上强调胸怀大局把握大势着眼大事 努力把宣传思想工作做得更好》，《人民日报》2013 年 8 月 21 日第 1 版。

大以来，以习近平同志为核心的党中央站在确保党和人民事业薪火相传的战略高度，亲切关怀青年成长成才，为做好新时代青年工作指明了前进方向。习近平总书记围绕青年工作发表了一系列重要论述，立意高远，内涵丰富，思想深刻，阐明了新形势下青年工作的重大理论和实践问题，指明了当代青年的历史使命和成长道路，准确把握青年工作的基本要求和重点任务，引导青年树立远大理想、热爱伟大祖国、担当时代责任、勇于砥砺奋斗、练就过硬本领、锤炼品德修为，激励和动员广大青年为实现"两个一百年"奋斗目标、实现中华民族伟大复兴的中国梦而勤奋学习、努力工作，具有十分重要的意义。

习近平总书记指出，"广大青年要勇敢肩负起时代赋予的重任，志存高远，脚踏实地，努力在实现中华民族伟大复兴的中国梦的生动实践中放飞青春梦想"①。2014年5月4日，习近平总书记在北京大学师生座谈会上指出："时间之河川流不息，每一代青年都有自己的际遇和机缘，都要在自己所处的时代条件下谋划人生、创造历史。青年是标志时代的最灵敏的晴雨表，时代的责任赋予青年，时代的光荣属于青年。"②总书记勉励广大青年，"青年是整个社会力量中最积极、最有生气的力量，国家的希望在青年，民族的未来在青年……新时代中国青年处在中华民族发展的最好时期，既面临着难得的建功立业的人生际遇，也面临着'天将降大任于斯人'的时代使命。新时代中国青年要继续发扬五四精神，以实现中华民族伟大复兴为己任，不辜负党的期望、人民期待、民族重托，不辜负我们这个伟大时代"③。2019年3月18日，

---

① 卢新宁、李斌：《中国有梦 青春无悔——习近平五四青年节参加主题团日活动侧记》，《人民日报》2013年5月6日第2版。

② 习近平：《青年要自觉践行社会主义核心价值观——在北京大学师生座谈会上的讲话》，《人民日报》2014年5月4日第2版。

③ 习近平：《在纪念五四运动100周年大会上的讲话》，《人民日报》2019年5月1日第2版。

习近平总书记主持召开学校思政课教师座谈会时强调，"我们办中国特色社会主义教育，就是要理直气壮开好思政课，用新时代中国特色社会主义思想铸魂育人，引导学生增强中国特色社会主义道路自信、理论自信、制度自信、文化自信，厚植爱国主义情怀，把爱国情、强国志、报国行自觉融入坚持和发展中国特色社会主义事业、建设社会主义现代化强国、实现中华民族伟大复兴的奋斗之中。"2022 年 4 月 25 日，在五四青年节到来之际，习近平总书记到中国人民大学考察调研，代表党中央，向全国各族青年致以节日的祝贺，向中国人民大学全体师生员工、向全国广大教育工作者和青年工作者致以诚挚的问候。总书记希望全国广大青年牢记党的教诲，立志民族复兴，不负韶华，不负时代，不负人民，在青春的赛道上奋力奔跑，争取跑出当代青年的最好成绩！习近平总书记特别要求共青团的工作要围绕增强青年的理想信念来开展，"希望党的青年组织永远站在理想信念的高地上，用党的科学理论武装青年，用党的初心使命感召青年，用党的光辉旗帜指引青年，用党的优良作风塑造青年。新时代的中国青年，更加自信自强、富于思辨精神，同时面临各种社会思潮的现实影响，不可避免会在理想和现实、主义和问题、利己和利他、小我和大我、民族和世界等方面遇到思想困惑，更加需要深入细致的教育和引导，用敏锐的眼光观察社会，用清醒的头脑思考人生，用智慧的力量创造未来。共青团作为广大青年在实践中学习中国特色社会主义和共产主义的学校，要从政治上着眼、从思想上入手、从青年特点出发，帮助他们早立志、立大志，从内心深处厚植对党的信赖、对中国特色社会主义的信心、对马克思主义的信仰。要立足党的事业后继有人这一根本大计，牢牢把握培养社会主义建设者和接班人这个根本任务，引导广大青年在思想洗礼、在实践锻造中不断增强做中国人的志气、骨气、底气，让革命薪火代代相传！"①"高等学校作为研究、传播、宣传马克思主义理论的重要阵地，要引导广大师生认真学习中国特色社会主义理论体系，掌握马克思主义的世界观和方法论，坚定对中国特色社会主义的信念"②，"高校是重要的教育阵地，也是重要的思想文化阵地。各级党委要牢牢把握社会主义大学的办学方向，切实加强和改进高校思想政治工作，强化大学生思想政治教育，强化教师队伍特别是青年教师队伍的思想政治建设，加强辅导员队伍建设，加强党员队伍建设，坚持党建带团建，不断提高高校党建工作科学化水平。""办好中国特色社会主义大学，要坚持立德树人，把培育和践行社会主义核心价值观融入教书育人全过程；强化思想引领，牢牢把握高校意识形态工作领导权。"③ 习近平总书记的重要讲话为新时代青年工作指明了前进方向，提供了根本遵循。

（四）西方国家意识形态安全建设的基本特征

1. 政府主导，整合各种力量，确保意识形态安全建设有序实施

西方国家的意识形态安全建设不是简单地局限在专门的组织、机构或个人有目的、有计划的活动中，而是由政府主导，整合全社会各种力量共同参与、有序实施的一项工作。为了充分挖掘各种社会力量在意识形态安全建设中的潜力，充分发挥掌控体系的整体效应，西方国家采取了以下手段：一是利用法律手段强制和保障各种力量参与意识形态工作。西方国家主张宪法至上，遵守法律法规。整个国家社会经济活动都

需要立法机关出台相关法律进行引导、监督规范。为使各种力量都能充分发挥其应有的作用，西方国家通常以立法的形式加以强制和保障意识形态安全建设的顺利进行。如美国政府规定，凡是一切具有道德教育职能的组织或部门，如国会、州府、政党、教会、传媒、学校、企业、社区、家庭等，都赋有道德教育的职能。法国于 1989 年颁布了《教育指导法案》，对学校、社会、团体、家庭在青年公民教育中的地位、作用、权利和义务做了全面而具体的规定。德国的联邦议会在意识形态安全建设中处于核心地位。它以立法的方式，指导政府部门、学校及社会组织的意识形态安全建设。除了立法权外，联邦议会还享有监督权，通过运用预算权、决议权、质询权或者成立专门委员会对政府的意识形态工作进行经常性控制。二是利用财政与税收等政策引导各种力量参与思想政治工作。西方国家通过具有倾向性的财力支持，对各种社会组织进行引导。美国通过财政收入投入资助比较有权威性的专业协会进行大量研究工作，并根据研究成果，公布对学校课程设置、教材编写的建议或者样本。由于建议和样本具有较高的价值而多数被采纳，从而使美国思想政治教育的内容基本上保持了一致，充分体现了国家意志。财政支持的积极引导作用使西方国家对这一手段的运用越来越重视，近年来，政府更是不断加大财政投入的力度。三是建立社会合作机制，充分发挥各种力量的整体效应。为了保证各种力量形成合力，避免内耗，西方国家高度重视各种意识形态主体之间的分工协作，形成联动的制度，使各种社会力量协调配合。在学校教育上，主要是家长、社区参与学校教育的机制，创建学校、社区与家庭伙伴关系模式。美国的高校教育体系完备、专业化程度高，可操作性强且成效显著。美国高校将意识形态建设蕴藏于课余活动和社会服务之中。美国的校园生活形式多样，内容丰富，组织学生参加社会性服务，如募集资金、环境治理、为老年人和残疾人服务、慈善工作等活动，政府和社会都非常支持。同时，美国各地多数博物馆都是免费开放，大力开展爱国主义意识形态教育。相比较而言，德国的学校系统在意识形态安全建设中发挥着更为重大的作用。德国于 1952 年建立"联邦政治教育中心"以及各州政治教育中心，其主要工作职能是，规划指导学校的政治教育工作，并负责培训政治教育教师，编写意识形态教育大纲为课堂教学提供实际参考，面向民众开展形式多样的意识形态安全教育活动，研究意识形态安全领域的核心概念和关键理论并开展调查研究，引导民众形成正确的政治判断，并通过网络开展政治教育。德国学校教育的任务是使学生认同资产阶级民主政治的基本价值，培养政治参与的能力。在德国学校体系中，政治教育课是必修课程。同时，设有政治陶冶课，内容涵盖国家的社会经济政策、基础法律法规等方面的基础知识。德国家庭以一种"自觉"的方式把道德传递下去，并且父母的意识形态选择也会对子女产生长期影响。

2. 意识形态安全宣传教育具有渗透性和隐蔽性

西方国家在意识形态安全建设中整合了多种社会力量，形成了多管齐下、纵横交错的掌控网络，但其意识形态安全建设又不易被察觉，具有极强的渗透性和隐蔽性。西方国家的意识形态观念并非一个单独的学科，而是蕴含在人文社科、大众文化的研究成果、出版著作，以及宗教活动之中，使民众在接受国民教育、参与社会文化活动的过程中，不知不觉习得了意识形态观念，形成了一套价值体系。西方国家非常注重建设一个宏观情境，在社会宏观环境建设中传导政治文化信息，巧妙利用各种活动传播西方价值观，使置身其中的人潜移默化地受其价值观念的影响。其意识形态输出手段与过程十分隐蔽。如美国利用举办奥运会和发射航天飞机这样的活动和集会，大力宣扬所谓的美国精神；通过文艺演出、节日庆典等活动，向国民灌输爱国主义思想；通过正当的竞选活动，强化民众的民主意识，增强人们对政权和共同体的支持；通过隐性课程，寓德育教育于智育和校园文化。美国从联邦、州到市县各级政府都不惜斥巨资，在各地建有众多的服务优良的教育场所，如博物馆、纪念堂、历史遗址、名人故居等。这些场馆和环境从不同侧面记载着美国的历史和文化，承担着传播美国精神的义务，是向其国民尤其是青年学生进行意识形态教育的重要基地和生动教材。

意识形态安全建设最重要的手段之一是舆论宣传工作，而英、美等西方国家通常用"公共关系"和"广告"等字眼代替"宣传"这一概念。在学校开设的意识形态教育课程也没有采用意识形态的名称，而是冠以公民教育、价值观教育、道德教育和法律教育等，使受教育者在充分自主的意识支配下，自觉自愿地、不知不觉地接受其教育内容，实现其政治目的。

随着经济全球化的不断深入，发达国家和发展中国家的联系日益紧密。为了巩固本国意识形态，西方发达国家在输出经济产品的同时，要求输入国接受符合西方国家要求的政治经济改革，从而达到其输出意识形态的目的。同时，通过对外进行意识形态的攻击和瓦解，想方设法降低帝国意识形态的影响力，从而达到转移国内矛盾、凝聚国内力量的目的。

西方国家非常注重通过报刊书籍、广播电影电视等文化载体以潜移默化的方式向国外输出其主流意识形态观念，使受众在享受社会文化产品以及经济实惠的同时，接受其背后的思想观念。欧美大片充斥着各国的各大影院，并且受到了强烈的追捧，这使许多青年人原有的文化传统、生活方式、思维方式和价值观念都受到了冲击，拜金主义、享乐主义、利己主义、消费主义等各种价值理念在广大民众中传播开来。这种意识形态潜移默化地渗透影响各国的政治、经济、社会生活的各个领域。此外，西方国家通过各种文化交流活动，加强对知识文化界的思想政治影响。近年来，西方国家越来越重视以各种基金会、研究机构等名义举办国际性学术交流活动，通过学者互访和讲学以及高等教育跨国交流等形式，以期通过所谓的文化交流达到影响知识分子思想进而影响其国家社会舆论的政治目的。西方国家还通过培植、扶持对象国的"持不同政见者""反对派"，达到意识形态外攻和颠覆对象国的目的。

3. 坚持正向引导与强制性管制有机结合

西方国家在维护其意识形态安全的过程中，不仅重视柔性的宣传教育，还积极采取强制性管制手段，实现正向引导与强制性管制的有机结合。

西方国家非常重视宗教的教化力量，积极支持和利用宗教教化民众，宣传其价值观念。政府根据自己的实际需要对某些教会组织给予政治特权，使其地位举足轻重。政府对教会及其人员的重视，使教会以其特有的力量服务于政府，或者通过宣传政府的合法性来提高政府在民众中的公信力，或者为政府的统治献计献策，利用宗教来赢得民心。

为了保障国家的意识形态安全，西方国家在利用行政手段对意识形态事务强加干预和处置的同时，实行严格的文化保护政策，对于外来文化采取诸多的排挤和限制，尤其是对社会主义文化。美国一直把中国文化视为敌对的意识形态加以严格限制，尤其是在第二次世界大战后，为配合冷战，以美国为首的西方国家在国内掀起了一场反对社会主义的大规模清洗运动。1947 年，美国总统杜鲁门签署了《忠诚调查令》，1950年 9 月，美国国会通过了《麦卡锡法》，把矛头对准一切进步组织，尤其是美国共产党，许多民主进步人士、科学家、进步团体都惨遭迫害。苏联解体，东欧剧变后，西方国家政府对共产党组织乘胜打压，掀起了反共高潮。美国还安排联邦调查局和中央情报局、英国情报六局、法国情报 29 局等机构对意识形态施以监控。如美国中央情报局采用暗中拆阅邮件、恢复黑色公文包、增加电子侦察以及安插大学校园告密者等手段。西方国家不断加强对互联网的管理和运用。规范互联网的版权、域名管理、儿童互联网权利保护、垃圾邮件监控。广泛开设政府网站传播政府信息，与网民互动，提供各种服务，综合使用网络技术左右民众。

四、大数据时代高校意识形态安全建设的重要意义

（一）维护国家意识形态安全的前提

20 世纪中叶以来，政治多极化、经济全球化进程加速推进，社会信息化和文化多元化程度日益增强，文化软实力成为国与国之间竞争的主要内容之一。意识形态安全是国家安全的重要组成部分，是维护社会稳定、促进经济社会全面发展的基础，是维护民族利益和保证国家安全的重要防线。维护国家意识形态安全成为每个国家关注的热点问题，成为文化建设的重要目标。只有确保国家意识形态安全，才能最终实现民族与国家的繁荣富强。美国在 1947 年制定了全球第一个《国家安全法》，并设立了国家安全委员会作为政府管理的一个重要组成部分。随着网络技术的全球化，国家安全的目标由原来的单纯追求军事安全向追求实现包括政治安全、文化安全、意识形态安全等目标转变。以文化软实力为竞争的意识形态安全成为国家安全的重要组成部分。自从社会主义国家诞生以来，意识形态就成为资本主义国家对社会主义国家和平演变的重要内容。中华人民共和国成立以来，以美国为首的西方发达国家从未停止过对社会主义中国实施"和平演变"的政治策略。我国的意识形态安全问题面临严重的挑战。随着全球化进程的加深和大数据时代的来临，意识形态领域的斗争作为"一场没有硝烟的战争"，由传统媒

介扩展到网络媒介。网络舆论的控制权成为一个国家意识形态建设的主阵地，互联网成为两种意识形态斗争的主战场。西方发达国家利用网络技术的优势，向我国大肆传播西方社会的文化理念、社会价值观和意识形态，利用网络技术进行意识形态渗透。在抵制马克思主义意识形态和对社会主义搞和平演变的同时，鼓吹"意识形态终结"。其实质就是要"终结"马克思主义的意识形态，推翻共产党的领导，改变社会主义制度。高校意识形态安全是国家安全的一个组成部分。高校意识形态安全建设对维护国家安全具有举足轻重的作用。习近平总书记指出，我们必须把意识形态工作的领导权、管理权和话语权牢牢掌握在手中，任何时候都不能旁落，否则就要犯无法挽回的历史性错误。要强化思想引领，牢牢把握高校意识形态工作领导权。高校是青年人才的聚集地，是意识形态工作的前沿阵地。大学生是高校意识形态安全建设的主体，是维护我国意识形态安全的重要力量，是祖国的未来和民族的希望，他们的政治信仰与素质决定着国家政治发展的方向。伴随着信息社会不断发展，新兴媒体影响越来越大。大数据时代，各种微信、微博、微视软件层出不穷，这就给西方意识形态的传播与渗透以可乘之机，各种有悖于马克思主义意识形态的信息与言论被广泛传播，危害严重。中国互联网络信息中心（CNNIC）发布了第51次《中国互联网络发展状况统计报告》，报告显示，截至2022年12月，我国网民规模达67亿，较2021年12月增长3549万，互联网普及率达75.6%，较2021年同期提升2.6个百分点。同时，我国手机网民规模达65亿，较2021年同期增长3636万，网民使用手机上网的比例为99.8%。在网民构成方面，我国城镇网民规模达7.59亿，占网民整体的71.1%；农村网民规模达0.8亿，占网民整体的28.9%。此外，截至2022年12月，我国网民使用手机上网的比例达98%，是最主流的上网方式，其次是电视、台式电脑、笔记本电脑和平板电脑。按照中国 14 亿人口计算，也就是说，中国有 70.6% 的公民是网民。其中，超过 50% 的网民年龄在 40 岁以下，21% 的网民多为学生。新闻客户端和各类社交媒体成为很多干部群众特别是年轻人的第一信息源，而且每个人都可能成为信息源。有人说，以前是"人找信息"，现在是"信息找人"。大学生正处于世界观、人生观和价值观形成的重要时期，分辨能力较弱，涉世不深，很容易被网上的错误言论误导，这就需要提高大学生理性认知和判断的能力，使他们自觉抵制各种西方意识形态的危害和侵蚀。因此，推动大数据时代媒体融合发展，建设全媒体就成为我们面临的一项紧迫课题。高校必须以扎实有效的意识形态工作提升大学生对马克思主义意识形态的高度认同，从思想方面巩固党的执政地位，进而维护国家意识形态安全。

（二）巩固中国共产党执政地位的重要保障

任何政党的产生和发展都有自己的意识形态，从逻辑上来说，先有意识形态和意识形态认同才可能有政党。如果一个政党没有自己完整的思想、理论、主张和政策，它就会失去存在的基础和理由。从世界各国执政党的现状来看，凡是加强了对主流意识形态的领导和建设，党的执政能力就得到提高，国家政权就相对稳定。如果轻视或弱化了这一工作，公众对其主流意识形态就不可能有较强的认同，也就很难在社会中形成凝聚力和向心力。中国共产党执政地位的巩固和执政能力的提高，需要社会主义意识形态的维护和服务。与执政能力相适应的意识形态，可以为党的执政能力建设提供方向保证和理论支持；而与执政能力不相适应的意识形态，则可能阻碍和干扰党的执政能力的建设和发挥。因此，如何巩固中国共产党执政地位所要求的意识形态安全，是一项严肃而重大的历史性课题。

　　大数据时代主流意识形态的传播是建立在电子、卫星、网络等技术手段基础之上的，这些技术构建了现代化的传播系统，而这些技术基本上是由以美国为代表的西方发达国家生产、输送和控制的。发展中国家在这些方面处于明显的弱势地位。通过传播的绝对优势力量，美国和西方文化所隐含的文化价值观、意识形态内容在被输入国得到广泛传播和渗透时，造成西方文化意识形态的殖民，从而不仅侵蚀着被输入国的传统文化、民族精神，甚至还会中断该国独立自主的文化发展过程。

　　意识形态领域历来是敌对势力同我们激烈争夺的重要阵地，如果这个阵地出了问题，就可能导致社会动乱甚至丧失政权。敌对势力要搞乱一个社会、颠覆一个政权，往往总是先从意识形态领域打开突破口，先从搞乱人们思想下手。大数据时代意识形态安全，关系社会主义事业兴衰，关系党的执政力建设的加强和执政地位的巩固。为了使社会主义意识形态更好地服务于中国特色社会主义的经济建设、政治建设、文化建设和社会建设，就必须不断加强大数据时代高校意识形态安全建设，为中国共产党执政能力建设和执政地位的巩固提供强有力的保障。大数据时代加强高校意识形态安全建设有助于巩固马克思主义在意识形态领域的指导地位，夯实党执政能力建设的理论基础；有助于宣传贯彻党的执政理念和执政方略，并以此来统一思想、凝聚力量，更好地处理各种思想问题和社会矛盾，为党的执政能力建设创造良好的社会环境。

　　随着改革开放的深入进行，我们党更加明确地要求各级党委和政府要加强意识形态安全建设。全体党员和党政领导干部要接受辩证唯物主义观的教育与训练，牢固地树立历史唯物主义的科学历史观，自觉地抵抗任何反马克思主义和非马克思主义思想的渗透，从而确保意识形态的领导权掌握在忠诚于马克思主义的人手里。全体党员和党政领导干部要提高对意识形态领域苗头性、倾向性问题的洞察力。洞察不合时宜的观念和做法，对马克思主义错误和教条式的理解以及主观主义和形而上学的各种思想因素。洞察自改革开放以来，慢慢渗透进来的西方腐朽思想、西方理论和价值观的洋教条主义势头，以便用爱国主义、集体主义、社会主义价值取向，对人们的思想认识问题进行因势利导的引导、纠偏和化解。

（三）推动中国特色社会主义文化建设的力量

文化是民族的血脉，是人民的精神家园，是一个国家和民族可持续发展的精神密码。文化越来越成为国家核心竞争力的重要因素。谁占据了文化发展的制高点，谁拥有了强大的文化软实力，谁就能在激烈的国际竞争中赢得主动。实现中华民族伟大复兴中国梦的前提必须以繁荣中国特色社会主义文化、增强文化软实力为前提。2016 年 5 月 17 日，习近平总书记在哲学社会科学工作座谈会上的讲话中，论述了文化自信的重要性。习近平总书记指出，我们要坚定中国特色社会主义道路自信、理论自信、制度自信、文化自信，说到底是要坚定文化自信。文化自信是更基本、更深沉、更持久的力量。这个论述是关于中华优秀传统文化内在精神的总概括，也是我们对待社会主义先进文化的基本信念。在庆祝中国共产党成立100周年大会上的讲话中，习近平总书记进一步指出，坚持不忘初心、继续前进，就要坚持中国特色社会主义道路自信、理论自信、制度自信、文化自信。在五千多年文明发展中孕育的中华优秀传统文化，在党和人民伟大斗争中孕育的革命文化和社会主义先进文化，积淀着中华民族最深层的精神追求，代表着中华民族独特的精神标识。随着世界多极化、经济全球化的不断发展，特别是互联网的发展和普及，整个世界已经连为一体，文化交流更加便捷迅速，国家和种族的界限似乎越来越模糊。然而，文化交流方式的变革，实际上，并没有消除以意识形态冲突为主要内容的不同文明之间的对抗，文化安全成为新的国家安全问题。世界各大强国都把文化安全问题纳入国家安全的框架，增强文化软实力以保障文化安全。建设中国特色社会主义文化，必须建设具有强大凝聚力、引领力的社会主义意识形态，使全体人民在理想信念、价值观念、道德观念上紧紧团结在一起，巩固马克思主义在意识形态领域的指导地位，牢牢掌握意识形态工作领导权。这为我国文化建设发展特别是高校意识形态安全建设提出了新的课题。青年是民族的未来，也是文化的种子，高校是文化传播和意识形态工作的主阵地。高校意识形态安全对于巩固马克思主义意识形态的主体地位发挥着引领带头作用。加强高校意识形态安全建设有助于推动中国特色社会主义先进文化建设。因此，大数据时代，必须维护好高校意识形态安全，加强对高校大学生进行意识形态安全教育，使他们能够正确运用马克思主义的世界观和方法论，科学地、辩证地分析各种社会思潮和思想体系，自觉抵制西方意识形态的侵蚀和渗透，坚定马克思主义信仰，担负起建设社会主义文化强国的历史使命。

（四）建设中国特色社会主义大学的政治保证

高校是传播社会主义意识形态的主阵地，承担着培养人才和文化传承的重要任务。高校只有坚持社会主义性质和方向，才能将大学生培养成为中国特色社会主义事业的建设者和接班人。西方敌对势力历来都将高校作为对我国进行意识形态渗透的主阵地。西方国家借助于经济全球化和互联网的便利条件，通过各种媒体和途径跨国传播，抢占信息空间、争夺信息资源，利用各种媒体，以强势文化的姿态冲击我国的思想文化阵地。西方全球化的跨国传播体系的形成直接对高校意识形态安全构成了威胁。在社会交往中，有些大学生盲目崇尚发达国家的生活方式，在不知不觉中接受了西方的价值观念和思想观点。这虽然不是一种系统的接受，但在一些大学生脑海中，牢牢地打上了西方政治思想的烙印。同时，文化交流成为西方政治思潮渗透的另一种途径。伴随着文化的繁荣和交流，出现了形式多样的专题讲座、报告会、论坛和学术研讨会等学术活动。这些学术活动对活跃我国的学术气氛、促进我国的学术研究和培养学术人才具有一定积极作用。但借助于这些学术活动，一些别有用心的人兜售西方的思想和价值观念，推销西方文化，大肆宣扬新自由主义的价值观念。他们的观点得到了一些青年学者和大学生的追捧，导致资产阶级政治思潮在我国蔓延。办学方向问题是我国教育要解决好的首要问题。高校意识形态安全是建设中国特色社会主义大学的重要政治保证。加强高校意识形态安全建设，将为高校校园文化建设和中国特色社会主义文化事业的发展创造良好的政治环境。习近平总书记指出："青年的价值取向决定了未来整个社会的价值取向，而青年又处在价值观形成和确立时期，抓好这一时期的价值观形成十分重要。"[①] 为此，我们要始终坚持社会主义办学方向，牢牢把握意识形态领域的话语权，培养方案和各个环节的重要举措，都要紧扣党的教育方针的要求，紧紧围绕培养德智体美全面发展的社会主义建设者和接班人的总目标进行。社会主义核心价值体系是凝聚高校师生的共同的精神支柱。社会主义核心价值体系对中国特色社会主义高等教育方向、发展模式和目标任务起着重要的作用。新时代，高校要积极发挥文化育人的作用，加强社会主义核心价值体系建设，培育大学生崇尚科学、追求真理的思想观念，营造健康的校园文化氛围，推动社会主义先进文化建设。高校要始

①　习近平：《习近平谈治国理政》，外文出版社，2014，第172页。

终坚持社会主义核心价值体系在高校意识形态安全建设中的引领作用，增强高校师生对马克思主义意识形态的认同感和归属感，为社会主义建设提供智力支持和人才保证。只有当高校师生将社会主义核心价值体系内化于心，并外化于行，才能自觉抵制西方意识形态的渗透。

第三章　大数据时代高校意识形态安全建设的现实状况

　　重视高校意识形态安全建设是我党的优良工作传统和优势。党的十八大以来，习近平总书记在多次讲话中阐释了意识形态建设的重要性。习近平总书记在全国思想宣传工作会议上指出："经济建设是党的中心工作，意识形态工作是党的一项极端重要的工作"①。"能否做好意识形态工作，事关党的前途命运，事关国家长治久安，事关民族凝聚力和向心力。"② 意识形态工作是治党治国和凝聚人心的重要保障，是发展中国特色社会主义和实现中华民族伟大复兴中国梦的重要保障。以中华人民共和国历史为发展脉络，梳理我国高校意识形态安全建设发展历程，总结基本经验，从而促进高校意识形态建设更好地沿着科学化轨道运行，不仅是历史赋予我们的责任，也是大数据时代我国高校主流意识形态认同新情况、新问题的内在要求。

---

① 习近平：《习近平谈治国理政》，外文出版社，2014，第153页。
② 习近平：《意识形态工作是党的一项极端重要的工作》，《人民日报》2013年08月21日第1版。

一、高校意识形态安全建设的历史演进

高校意识形态安全建设的最终目的是培养"四有"新人，这是由我国高等教育的社会主义性质决定的。中华人民共和国成立以来，我国高校意识形态建设工作呈现出阶段性特点，根据不同时代背景以及工作的特点，可将中华人民共和国成立以来我国高校意识形态建设的发展历史分为以下六个阶段。

（一）探索起步阶段（1949—1956）

1949—1956 年，我国处于社会主义改造时期，社会政治、经济、文化制度发生了质的转变。从世界范围来看，社会主义革命胜利和建设的时间较短，国家意识形态领域情况非常复杂，意识形态领域存在社会主义与资本主义、无产阶级与资产阶级两条道路的斗争。因此，这一阶段我国意识形态工作的当务之急是树立科学的意识形态工作目标，使全国人民迅速摆脱旧中国意识形态的影响，统一全国人民的价值追求，从而凝聚全国人民的力量。在中华人民共和国成立的最初几年里，毛泽东高度重视意识形态工作，保持高度的警惕，亲自领导意识形态领域的斗争与建设。这对于肃清人们头脑中各种旧的、错误的思想观念，扩大主流意识形态认同，巩固社会主义意识形态的主导地位，发挥了重要的作用。在此背景下，我国高校意识形态建设工作进入了艰难的探索起步阶段。

中华人民共和国刚刚成立，中国共产党着手制定高等教育政策，将我国高校意识形态工作目标定位为"肃清封建的、买办的、法西斯主义的思想，发展为人民服务的思想为主要任务"。1949 年 3 月 5 日，我国确立了民族的、科学的、大众的新中国高等教育发展方针，开始讲授

马克思主义政治课。1949 年 12 月 6 日，首届全国高教工作会议明确了中华人民共和国高校学生意识形态工作目标，指出："高校培养目标应当是培养具有高度文化水平，掌握现代科学技术的成就，全心全意为人民服务的高级建设人才。"① 1953 年 10 月，中央强调指出：要"以共产主义精神教育青年，要教育青年成为有文化科学知识、体魄健全、勇敢、勤劳和热爱祖国的人"②。这为高校人才培养确定了明确的方向。

1949—1956 年，在正确的方针路线指引下，我国高校意识形态建设工作取得了一定成效，建立了大学生政治工作规章制度，并启动了高校辅导员队伍建设。同年，教育部在《关于在高等学校有重点的试行政治工作制度的指示》中指出，为加强政治领导，改进政治思想教育，全国高等学校应有准备地建立政治辅导员制度。随后许多高校逐步建立专门从事思想政治教育工作的政治辅导员队伍。③ 1953 年 10 月，教育部要求所有高校设立主管学生意识形态工作的专门机构，设立政治辅导处，并对人员选拔标准、配备数量等做出了明确要求。这些规章管理制度为这一阶段高校意识形态工作提供了有力保障。

（二）全面发展阶段（1978—2012）

我们党是一个善于总结历史教训的党，1978 年，党的十一届三中全会开始，我们党开始了探索中国特色社会主义的伟大进程。在经济全球化背景下，西方社会思潮对社会主义意识形态的主导地位产生强烈冲击。以经济实力与科技力量为优势，西方国家对中国进行意识形态的

---

① 中共中央文献研究室：《建国以来重要文献选编》第 1 册，中央文献出版社，1993，第 10 页。

② 中共中央文献研究室：《建国以来重要文献选编》第 1 册，中央文献出版社，1993，第 491 页。

③ 王道阳：《我国高校政治辅导员制度的历史演变》，《思想教育研究》，2007 年第 5 期，第 31-32 页。

"和平演变"。在中国共产党的领导下，中国不断加强意识形态安全建设，始终坚持马克思主义在意识形态领域的指导地位不动摇，运用马克思主义巩固社会主义意识形态的主导地位。以邓小平为核心的党中央领导集体，通过真理标准问题大讨论，提出了实践是检验真理的唯一标准，强调在改革开放的过程中，必须坚持四项基本原则，统一发展中国特色社会主义，积极探索维护国家意识形态安全的路径。在这一背景下，我国高校意识形态建设工作步入了正常轨道，重新确立了意识形态建设的目标和方向。1978 年 4 月，邓小平在全国教育工作会议上强调："学校应该永远把坚定正确的政治方向放在第一位。"① 1980 年 12 月，邓小平再次强调："要加强各级学校的政治教育、形势教育、思想教育，包括人生观教育、道德教育。"② 1987 年 5 月，党中央印发的《关于改进和加强高等学校思想政治工作的决定》提出："高等学校培养出来的大学生、研究生，应当有坚定正确的政治方向，爱祖国、爱社会主义，拥护共产党的领导，努力学习马克思主义；应当热心于改革和开放，有艰苦奋斗的精神，努力为人民服务，……还要从他们之间培养一批具有共产主义觉悟的先进分子。"③ 这就重新科学地确立了高校意识形态工作的目标和方向。

自 20 世纪 90 年代起，我国高校意识形态安全教育作为一种相对独立和完整的教育形态进入了新阶段。面对国内外各种思潮的相互激荡，党和国家高度重视高校意识形态安全建设，并取得了丰硕成果。1994年，党中央、国务院召开的第二次全国教育工作会议提出，要进一步加强和改进高校德育的内容、途径和方法，特别强调要不断完善高校德育

① 邓小平:《邓小平文选》第 2 卷，人民出版社，1994，第 103-110 页。
② 邓小平:《邓小平文选》第 2 卷，人民出版社，1994，第 369 页。
③ 何东昌:《中华人民共和国重要教育文献（1976—1990）》，海南出版社，1998，第617 页。

工作的管理体制和机制。1998 年，中宣部、教育部出台的《关于普通高等学校"两课"课程设置的规定及其实施工作的意见》强调，要进一步加大"两课"教育教学改革力度，积极做好邓小平理论进教材、进课堂、进头脑的"三进"工作。1999 年，党中央印发的《关于深化教育改革，全面推进素质教育的决定》强调"四育"的问题，提出要把德育、智育、体育、美育渗透到各类教育活动中。2004 年，党中央出台的《中共中央关于加强和改进思想政治工作的若干意见》指出，高校学生意识形态教育要全面贯彻党的教育方针，全面推进素质教育。在上述文件的指导下，全国高校积极落实高校意识形态教育目标，并不断优化课程体系。2003 年，教育部下发的《普通高等学校"两课"教学基本要求》指出，要不断提升两课教育教学的针对性、实效性，推进马克思主义的中国化、时代化和大众化，巩固其对青年大学生的思想引领作用。自党的十五届六中全会以来，党中央高度重视高校意识形态建设工作，制定了"05 方案"，要求所有高校开设马克思主义基本原理，毛泽东思想、邓小平理论和"三个代表"重要思想概论，中国近现代史纲要，思想道德修养与法律基础四门课，高校马克思主义理论课建设呈现了崭新局面。与此同时，高校不断创新意识形态建设的途径，校园文化、大学生社会实践、网络教育、高校团校、高校党课、"大学生志愿服务西部"计划、大中专学生暑假"三下乡"等一批新的教育形式应运而生，尤其是进入 21 世纪以来，高校网络意识形态教育工作取得新突破，一大批有关高校意识形态教育网站应时而生。不少高校开展了微党课等生动的网上教育活动，开展了形式多样的社会主义核心价值体系宣传教育活动。由此，我国高校意识形态建设工作进入了全面发展阶段，为党的十八大后的"巩固完善"阶段打下了坚实基础。

（三）巩固完善阶段（2012 至今）

党的十八大以来，为牢牢把握高校意识形态领域的领导权、主动权和话语权，坚持社会主义办学方向，我们党顺势而为，使高校意识形态安全建设进入了巩固完善的"黄金"阶段。

1. 制定高校意识形态安全建设目标和战略

党的十八大以来，我党坚持正确的方向，制定了高校意识形态安全建设目标和战略。2014 年 5 月 4 日，习近平总书记勉励青年学生"人生的扣子从一开始就要扣好"。2014 年 10 月 28 日，习近平总书记指出"办好中国特色社会主义大学，要坚持立德树人，把培育和践行社会主义核心价值观融入教书育人全过程"[1]。2016 年 12 月，习近平总书记在全国高校思想政治工作会议上强调："要坚持把立德树人作为中心环节，把思想政治工作贯穿教育教学全过程，实现全程育人、全方位育人。"[2] 2017 年 2 月，党中央、国务院印发了《关于加强和改进新形势下高校思想政治工作的意见》。2017 年 10 月，党的十九大报告提出要"牢牢掌握意识形态工作领导权。"[3] 2018 年 5 月 2 日，习近平总书记在与北大学子座谈时，勉励青年学生：要忠于祖国、忠于人民，要立鸿鹄志、做奋斗者，要求真学问、练真本领，要知行合一、做实干家。[4] 2019 年 3 月 18 日，习近平总书记主持召开学校思政课教师座谈会并发

---

① 习近平：《牢牢把握高校意识形态工作领导权》，http://www.gov.cn，访问日期：2014 年 12 月 29 日。

② 习近平：《把思想政治工作贯穿教育教学全过程 开创我国高等教育事业发展新局面》，《人民日报》2016 年 12 月 9 日第 1 版。

③ 习近平：《决胜全面建成小康社会，夺取新时代中国特色社会主义伟大胜利》，人民出版社，2017，第 41 页。

④ 《习近平总书记在北京大学师生座谈会上的讲话》，《人民日报》2018 年 5 月 3 日第 2 版。

表重要讲话。习近平总书记强调，办好思政课，最根本的是要全面贯彻党的教育方针，解决好培养什么人、怎样培养人、为谁培养人这个根本问题。新时代贯彻党的教育方针，要坚持马克思主义指导地位，贯彻新时代中国特色社会主义思想，坚持社会主义办学方向，落实立德树人的根本任务，坚持教育为人民服务、为中国共产党治国理政服务、为巩固和发展中国特色社会主义制度服务、为改革开放和社会主义现代化建设服务。我们要扎根中国大地办教育，同生产劳动和社会实践相结合，加快推进教育现代化、建设教育强国、办好人民满意的教育，努力培养担当民族复兴大任的时代新人，培养德智体美劳全面发展的社会主义建设者和接班人。2019 年 4 月 30 日，习近平总书记在纪念五四运动 100 周年大会上发表重要讲话强调，五四运动以来的 100 年，是中国青年一代又一代连续奋斗、凯歌前行的 100 年，是中国青年用青春之我创造青春之中国、青春之民族的 100 年。新时代中国青年运动的方向，新时代中国青年的使命，就是坚持中国共产党领导，同人民一道，为实现"两个一百年"奋斗目标、实现中华民族伟大复兴的中国梦而奋斗。党的二十大报告指出，教育是国之大计、党之大计。培养什么人、怎样培养人、为谁培养人是教育的根本问题。育人的根本在于立德，全面贯彻党的教育方针，落实立德树人根本任务，培养德智体美劳全面发展的社会主义建设者和接班人。① 上述文件和措施为高校意识形态安全建设工作指明了前进方向。

2. 高度重视高校意识形态安全队伍建设

意识形态工作是思想政治教育工作中的重要内容，其对教育主体素质有着更高的要求。党的十八大以来，为打造一支政治过硬、业务精

---

① 习近平：《高举中国特色社会主义伟大旗帜 为全面建设社会主义现代化国家而努力奋斗——在中国共产党第二十次全国代表大会上的报告》，人民出版社，2022，第34 页。

通、结构合理的高校意识形态工作队伍，我们党采取了有力措施，出台了多个相关重要文件，建立了较为完善的意识形态工作队伍教育培训体系，如 2013 年教育部制定了《普通高等学校思想政治理论课教师队伍培养规划（2013—2017 年）》，2014 年，教育部出台了《高等学校辅导员职业能力标准》（暂行）。从 2013 年开始，中宣部、教育部每年都会联合举办多期高校思政课骨干教师研修班，2014 年，教育部举办了全国高职高专院校思政课微课教学比赛，2016 年，教育部成立了2016—2020 年高等学校思政课教学指导委员会。同时，为促进辅导员队伍的专业化、职业化发展，自 2012 年至今，教育部每年组织 30 多期全国高校辅导员骨干示范培训班，每年都举办全国高校辅导员职业技能比赛。受益于上述措施，我国高校意识形态工作队伍不断发展壮大。据统计，截止到 2016 年 12 月，目前全国共有高校思政课教师近 7 万名，[①]并涌现出了一大批教书育人楷模。2017 年 9 月，教育部首次推选了 10 名"最美思政课教师"。2019 年 3 月 18 日，习近平总书记主持召开学校思政课教师座谈会并发表重要讲话，习近平总书记强调，办好中国的事情，关键在党。各级党委要把思政课建设摆在重要议程，抓住制约思政课建设的突出问题，在工作格局、队伍建设、支持保障等方面采取有效措施。要配齐建强思政课专职教师队伍，建设专职为主、专兼结合、数量充足、素质优良的思政课教师队伍。

3. 不断提升高校意识形态安全建设科学化水平

把握规律性、体现时代性、富有创造性是高校意识形态安全建设遵循的基本要求。为提高高校意识形态安全建设的科学化水平，党的十八大以来，党和国家注重发挥学科的带头作用，不断加大学科建设力度。

---

① 新华社记者：《风起扬帆正当时——党的十八大以来加强高校思想政治工作纪实》，《人民日报》2016 年 12 月 8 日第 1 版。

当前我国高校已建成马克思主义理论一级学科博士点 37 个、二级学科博士点 74 个和一级学科硕士点 176 个，全国高校普遍成立了独立的思政课教学科研机构，全国有 400 多所高校建立了独立马克思主义学院。2016 年，北京大学等 11 所北京高校中国特色社会主义理论研究协同创新中心正式成立，并按照每年近 5000 万的标准，连续投入 5 年以用来支持协同创新中心建设。2017 年，教育部下发了关于印发《高等学校马克思主义学院建设标准》（2017 年本）的通知。各高校认真贯彻落实习近平总书记"紧紧围绕编好教材、建好队伍、讲好课程"的总要求，不断完善思政课教材体系，有关主管部门和高校积极组织编写教材和配套教学资料，得到了学生的热烈追捧。近年来，教育部每年都举行辅导员年度人物评选，中宣部、教育部、共青团中央等部门每年都举行中国大学生年度人物评选活动。自 2012 年以来，《人民日报》、光明日报社、中国大学生在线都会积极宣传上述评选活动和先进典型的事迹。近几年，教育部每年都举办高校校园文化建设优秀成果评选活动，光明日报等媒体对获奖成果进行了积极宣传。

4. 积极加强高校意识形态安全阵地建设

思政课是高校意识形态工作的主渠道、主战场。党的十八大以来，为提升高校思政课的针对性和实效性，我们党采取了行之有效的措施。一是加强对思政课、讲坛等高校意识形态安全教育渠道的管理。2014 年 9 月，习近平总书记在与北京师范大学师生代表座谈时要求"高校教师用好课堂讲坛，用好校园阵地"①。2015 年，时任教育部部长袁贵仁表示，要加强高校意识形态阵地管理，特别是要加强教材建设和课堂讲坛管理，加强对西方原版教材的使用管理，绝不能让传播西方价值观念

---

① 习近平：《做党和人民满意的好老师——同北京师范大学师生代表座谈时的讲话》，《人民日报》2014 年 9 月 10 日第 2 版。

的教材进入高校课堂；决不允许各种攻击诽谤我们党的领导、抹黑社会主义的言论在高校课堂出现；决不允许各种违反宪法和法律的言论在高校课堂蔓延；决不允许教师在高校课堂上发牢骚、泄怨气，把各种不良情绪传导给高校学生。① 二是不断推进高校思政课教学改革。2015 年，中宣部、教育部印发了《普通高校思想政治理论课建设体系创新计划》。2015 年，教育部印发了《高等学校思想政治理论课建设标准》。近几年，教育部每年都组织高校思政课教学方法评选工作，呈现了一些好的做法，比如，清华大学开展的"因材施教"教学、中国人民大学开展的"专题研究型互动式教学方法"改革，提升了对思政课实践教学环节的重视程度。2017 年 5 月，教育部下发了《关于高校组织思想政治理论课主题学习实践活动的通知》（教社科厅函〔2017〕33 号）。在上述措施的促进下，我国高校思政课正逐渐成为学生真心喜爱、终身受益的课程。

2019 年 3 月 18 日，习近平总书记主持召开高校思政课教师座谈会并发表重要讲话。习近平总书记强调，办好思政课，最根本的是全面贯彻党的教育方针，解决好培养什么人、怎样培养人、为谁培养人这个根本问题。新时代贯彻党的教育方针，要坚持马克思主义指导地位，贯彻新时代中国特色社会主义思想，坚持社会主义办学方向，落实立德树人的根本任务，坚持教育为人民服务、为中国共产党治国理政服务、为巩固和发展中国特色社会主义制度服务、为改革开放和社会主义现代化建设服务。扎根中国大地办教育，同生产劳动和社会实践相结合、建设教育强国、办好人民满意的教育，努力培养担当民族复兴大任的时代新人，培养德智体美劳全面发展的社会主义建设者和接班人。习近平总书

---

① 袁贵仁：《高校教师必须守好政治、法律、道德三条底线》，http://www.xinhua-net.com/edu/2015-01/30/c_ 127438496.htm，访问日期：2015 年 1 月 29 日。

记的讲话深刻回答了关于学校思政课建设的一系列重大理论和实践问题，把我们党对学校思政课规律的认识提高到了一个新的高度，是办好新时代学校思政课的重要遵循。

5. 不断完善工作制度

意识形态工作是一项具有长期性、复杂性和艰巨性的系统工程，必须着眼长远，建立规范的制度体系和长效机制。党的十八大以来，为夯实制度基础，我们党制定了以下相关制度。一是完善了领导体制和责任机制，如《党委（党组）意识形态工作责任制实施办法》（中办发〔2015〕52 号）、《教育系统贯彻落实〈党委（党组）意识形态工作责任制实施办法〉的实施细则》（教党〔2016〕3 号）。党的十九大报告提出："落实意识形态工作责任制，加强阵地建设和管理，注意区分政治原则问题、思想认识问题、学术观点问题，旗帜鲜明反对和抵制各种错误观点。"[1] 此外，我们党高度重视做好网络思政工作。为了维护国家网络信息安全，2014 年 2 月，习近平总书记亲自兼任了中央网络安全与信息化领导小组组长。党的十九大报告进一步提出，健全用党的创新理论武装全党、教育人民、指导实践工作体系。党的二十大报告指出：深入实施马克思主义理论研究和建设工程，加快构建中国特色哲学社会科学学科体系、学术体系、话语体系，培育壮大哲学社会科学人才队伍。加强全媒体传播体系建设，塑造主流舆论新格局。健全网络综合治理体系，推动形成良好网络生态。[2] 二是积极建立监督治理机制。2014 年，教育部制定了《关于建立健全高校师德建设长效机制的意

---

① 习近平：《决胜全面建成小康社会，夺取新时代中国特色社会主义伟大胜利》，人民出版社，2017，第 42 页。

② 习近平：《高举中国特色社会主义伟大旗帜 为全面建设社会主义现代化国家而努力奋斗——在中国共产党第二十次全国代表大会上的报告》，人民出版社，2022，第 43 页。

见》，提出包括加强师德宣传、健全师德考核、强化师德监督、注重师德激励、严格师德惩处等内容的师德建设长效机制，设置了师德建设红线，实行师德一票否决制。许多高校建立了安全信息排查制度和报告制度，还建立了指挥有力、功能完备、反应灵敏的意识形态安全事件应急机制。此外，许多高校提高了师生微博、微信公众平台的申请门槛，实施了校园微信实名登记备案制度，还实施了定期审核制度，逐渐建立起了网上防范体系。2018 年 4 月，习近平总书记在全国网络安全和信息化工作会议指出："要提高网络综合治理能力，形成党委领导、政府管理、企业履责、社会监督、网民自律等多主体参与，经济、法律、技术等多种手段相结合的综合治网格局。"① 可以说，党的十八大以来，我国高校意识形态安全建设进入了前所未有的"黄金"时期，工作措施得力，工作成效显著，队伍建设、学科建设、体制机制、理论研究、方式方法都取得了丰硕成果，积累了大量的宝贵经验，为确保高校的和谐稳定、维护中国共产党的执政地位和国家安全做出了突出贡献。今后，高校要在习近平新时代中国特色社会主义思想的指引下，继续沿用此段时期形成的好经验、好做法和好制度，不断开拓我国高校意识形态安全建设的新局面。

二、高校意识形态安全建设的基本经验

意识形态安全是国家安全的重要组成部分。当前，党和国家的意识形态安全主要是指马克思主义在意识形态领域的指导地位不受干扰、威胁和侵犯，巩固全党全国人民团结奋斗的共同思想基础，凝聚社会力量、维持社会稳定。高校肩负着培养德智体美劳全面发展的社会主义事

---

① 习近平：《敏锐抓住信息化发展历史机遇自主创新推进网络强国建设》，http://www.cpcnews.cn，访问时间：2018 年 4 月 21 日。

业建设者和接班人的重大任务，这就要求高校必须坚持社会主义办学方向，落实立德树人根本任务，确保意识形态安全建设工作不走弯路，更不能走错路。改革开放 40 多年来，我们党在意识形态领域做了大量工作，在高校意识形态安全建设方面取得了不少成就和经验，尤其是党的十八大以来，在以习近平同志为核心的党中央坚强正确的领导下，高校意识形态安全建设发生了开创性、长远性、全局性和根本性的改变，不断呈现向上向好的发展态势。总结我党在高校意识形态安全建设取得的基本经验，是我们今后进一步做好高校意识形态安全建设的客观要求和必然选择。

（一）坚持指导思想一元化，反对指导思想多元化

无产阶级要维护和巩固自己的统治，必须使自己的意识形态被社会大众认同，在意识形态领域占指导地位。也就是说，必须坚持指导思想一元化，反对指导思想多元化，否则就不可能有共同的思想基础和政党、国家和民族的团结统一。在我国，坚持马克思主义指导思想的一元化是近代中国历史的选择。为了挽救中华民族于水深火热之中，先进的中国人向西方学习了很多主义和思潮，但都失败了。只有十月革命送来的马克思列宁主义指导中国共产党领导中国人民取得了新民主主义革命、社会主义革命和社会主义建设的胜利。正如毛泽东所说："中国人找到了马克思列宁主义这个放之四海而皆准的普遍真理，中国的面目就起了变化了。"① 坚持马克思主义指导地位的一元化也是由我们党无产阶级政党性质和我国的社会主义制度决定的。毛泽东指出："我们的党从它一开始，就是一个以马克思列宁主义的理论为基础的党，这是因为

---

① 毛泽东：《毛泽东选集》第 4 卷，人民出版社，1991，第 1470 页。

这个主义是全世界无产阶级的最正确最革命的科学思想结晶。"① 坚持马克思主义的指导地位，党才能始终坚持工人阶级先锋队的性质，国家才能始终保持社会主义的性质，高校才能坚持社会主义的办学方向。放弃马克思主义的指导地位，搞指导思想多元化，实质就是放弃党的领导和国家的社会主义性质。这是党和人民决不允许的。

在新民主主义革命时期，党以马克思主义理论启发人民群众的觉悟，团结和领导人民跟着中国共产党干革命。中华人民共和国成立后，中国共产党高度重视在全党全军全国各族人民中，进行马克思主义基本理论教育，以及党的政策路线教育。党中央指出："用马列主义的思想原则，在全国范围内和全体规模上教育人民，是我们党的一项最基本的政治任务。"② 中华人民共和国刚刚成立时，党和政府就把"肃清封建的、买办的、法西斯主义的思想，发展为人民服务的思想"③ 作为意识形态领域的主要任务，确立马列主义——工人阶级思想的领导权。针对人们当时思想上存在的不同问题，采取座谈会、讲演会、报告会、资料图片展等方式，在人民中进行广泛的社会发展史教育、马克思主义基本原理教育、共产主义思想教育、革命传统教育等。党和政府改革了旧的学校教育内容，给青年知识分子以革命的政治教育，以适应革命工作和国家建设工作的广泛需要。党在高校取消了原来的公民课、军事训练课，开设"辩证唯物主义论与历史唯物论""新民主主义论""政治经济学"等课程，帮助大学生树立正确的人生观和世界观。在巩固社会主义意识形态主导地位的斗争中，思想政治工作作为高校意识形态教育的重要组成部分，一贯受到我党高度重视。思想政治教育工作被认为是

---

① 毛泽东：《毛泽东选集》第 3 卷，人民出版社，1991，第 1093 页。
② 刘少奇：《刘少奇选集》下卷，人民出版社，1985，第 82 页。
③ 中共中央文献研究室：《建国以来重要文献选编》第 1 册，中央文献出版社，1992，第 11 页。

革命和建设顺利进行的根本保证。"掌握思想教育，是团结全党进行伟大政治斗争的中心环节。如果这个任务不解决，党的一切政治任务是不能完成的。"① 毛泽东还指出，思想政治工作，各个部门都要负责任。共产党应该管，青年团应该管，政府主管部门应该管，学校的校长教师更应该管。随着社会主义制度和社会主义意识形态主导地位的基本确立，党分析了国内阶级斗争的状况并清醒地认识到，"无产阶级和资产阶级之间在意识形态方面的阶级斗争，还是长期的、曲折的，有时甚至是很激烈的"②。无产阶级和资产阶级的斗争将采取公开的和隐蔽的多种方式，将越来越成为突出需要解决的问题。如果对于这种形式认识不足，或者根本不认识，那就要犯绝大的错误，就会忽视必要的思想斗争。其结果只能使各种反社会主义的意识形态死灰复燃，甚至泛滥成灾，从而导致社会主义意识形态主导地位的削弱和动摇。可见，我党在开展意识形态的斗争中，对各种错误思想，尤其是反马克思主义思想进行了坚决有力的批判，维护了马克思主义在中国意识形态中的主导地位。党的十八大以来，习近平总书记在意识形态领域旗帜鲜明地号召全党要坚定对马克思主义的信仰，巩固马克思主义在意识形态领域的指导地位。习近平总书记指出："宣传思想工作就是要巩固马克思主义在意识形态领域的指导地位，巩固全党全国人民团结奋斗的共同思想基础。"③ 2016 年 12 月，在全国高校思想政治工作会议上，习近平总书记特别强调，"办好我们的高校，必须坚持以马克思主义为指导，全面贯彻党的教育方针"。在 2018 年 9 月 10 日召开的全国教育大会上，习近

① 中共中央文献研究室：《建国以来重要文献选编》第 1 册，中央文献出版社，1992，第 11 页。
② 中共中央文献研究室：《建国以来毛泽东文稿》第 6 册，中央文献出版社，1992，第 344 页。
③ 习近平：《意识形态工作是党的一项极端重要的工作》，http：//www.xinhuanet.com/politics/2013-08/20/c_ 117021464.htm，访问日期：2013 年 8 月 20 日。

平总书记再次明确，要全面贯彻党的教育方针，坚持马克思主义指导地位。中华人民共和国成立 70 多年来，我国高校意识形态建设的历史证明，只有坚持用马克思主义引领高校意识形态建设工作，高等教育事业才能取得发展和进步。"文革"时期，正是由于放弃了马克思主义在意识形态领域的指导地位，使高校意识形态建设遭遇重大挫折。新时代高校意识形态安全建设必须始终把正确思想引领放在重要的位置，坚持以马克思主义指导高校意识形态安全建设，做到旗帜鲜明，方向不偏，使高校意识形态教育工作沿着正确方向不断前进。同时，还要实事求是地分析高校意识形态安全建设存在的问题，严格遵循意识形态自身发展规律，正确区分政治斗争与学术争鸣。

（二）构造严密的宣传、组织体系

我党历来高度重视意识形态安全建设的系统性与权威性，通过各种组织机构，将人们置于一种全方位、多层次、组织化程度相当高的社会系统之中，使人民群众焕发出空前的革命激情和昂扬斗志，战胜了残酷和强大的敌人，度过了革命和建设最艰难的岁月。中华人民共和国成立初期，中国共产主义青年团（简称共青团）是最重要的群众组织，负责对所有青年活动和其他青年组织的领导，在基层帮助贯彻党的政策。通过各种机构、各级党组织及其领导的各民主党派和社会团体，强化党在政治上的领导，宣传马克思主义，贯彻党的路线方针政策，监督干部，掌握舆论。新闻媒体是传播意识形态的重要工具。我们党始终认为，报纸、广播、电视等是党、政府和人民的喉舌，要十分重视新闻媒体和新闻事业。毛泽东多次强调指出："一张省报，对于全省工作，全体人民，有极大的组织、鼓励、激励、批判、推动的作用。"[①] 牢牢把

---

① 毛泽东：《毛泽东文集》第 7 卷，人民出版社，1999，第 338 页。

据新闻媒体正确的舆论导向，对于统一思想，促进和保持高校师生对马克思主义的认同，保证社会主义意识形态的主导地位，具有十分重要的意义。为此，中国共产党自执政后，严格规定从中央到地方，各级主要报纸杂志和广播电视都必须置于党的直接领导下，并严禁私人创办新闻媒体，以防止非马克思主义意识形态自由泛滥，搞乱人们的思想，瓦解对马克思主义意识形态的认同。为了促进和巩固社会大众对马克思主义意识形态的认同，强化社会主义意识形态的主导地位，我们党始终坚持正面教育为主的原则，采取各种措施，用马克思主义理论、科学社会主义理论武装全党和全国人民的头脑。一是通过各级党校和干部学校对各级领导干部进行意识形态教育，二是通过群众性政治运动向全国人民进行意识形态教育，三是通过学校和部队的课堂对学生和军人进行意识形态安全教育，四是通过新闻媒体及文学、技术等形式广泛开展意识形态教育和渗透。

高校党团组织多年来能够始终围绕学生思想政治教育积极开展意识形态安全建设。高校根据大学生正处于世界观和人生观形成阶段的特点，坚持使不断完善和发展的中国化马克思主义理论进教育计划、进学校课堂、进学生头脑。有计划、有目的地开展意识形态安全建设，加大理论知识的学习，用马列主义、毛泽东思想和中国特色社会主义理论体系武装大学生的头脑，坚定大学生坚持走中国特色社会主义道路的理想信念，引导大学生树立正确的科学的世界观、人生观和价值观。组织大学生参加各种先进事迹报告会，利用校园网络加强高校意识形态安全建设，逐步走出了一条有中国高校特色的、深受大学生喜爱的校园网络建设之路。各高校选派资深教师负责意识形态安全理论课的讲解，采取专题讲座、影片播放、答疑、辅导和讨论等多种形式认真组织学生参加学习，并要求学生写心得体会。许多高校还通过组织升旗仪式、"五四"

入团宣誓仪式、"七一"入党宣誓仪式、"一二·九"成人宣誓仪式等活动，广泛开展意识形态教育。通过组织大型的文艺演出以及球类比赛等活动丰富校园文化生活，使大学生在组织活动中受到锻炼，提高自身的综合素质，为学生提供良好的学习和生活氛围，也使意识形态教育有了重要抓手。

（三）组建政治素质过硬的意识形态教育队伍

做好高校意识形态建设工作离不开一支高素质的意识形态教育工作队伍。中华人民共和国成立以来，我国高校一直都重视提高意识形态教育工作者的综合素质，这也成为中华人民共和国成立以来高校意识形态教育的一条重要经验。2004 年，中共中央、国务院在《关于进一步加强改进大学生思想政治教育的意见》中指出，大学生思想政治教育工作队伍主体是高等学校党政干部和共青团干部，思政课和哲学社会科学课教师，辅导员和班主任。这三支队伍中辅导员和班主任是处于学生思想政治工作第一线的主要组织者与教育者，特别是专职辅导员，他们的工作直接关系到学生思想政治工作能否落到实处。由此可见，辅导员队伍、思政课教师和日常思想政治教育工作干部，这三支队伍是高校意识形态教育过程中的核心力量。

高校意识形态教育工作者是学生的政治引导者，肩负着用马克思主义科学思想理论来武装和教育学生、培养学生，帮助学生树立正确的人生观、世界观和坚定正确的政治方向的艰巨任务和使命。我们党始终强调："政治工作人员本身必须在思想上、政治上和行动上能够做模范，忠实于革命主义，具有百折不挠的意志，艰苦耐劳的作风，谦虚和睦的态度和耐心说服的精神。"[①] 强调要把思想政治工作当作经济工作和其

---

① 周恩来：《周恩来选集》上卷，人民出版社，1980，第 99 页。

他一切工作的生命线，努力建设一支政治素质过硬、结构合理且相对稳定的高校意识形态教育队伍。

意识形态教育工作者以身作则，重视言教与身教相结合，才能提高意识形态教育的成效。我党广泛发挥全体党员在意识形态教育中的积极作用，号召全党同志务必保持谦虚谨慎、戒骄戒躁和艰苦奋斗的作风。作为高校意识形态教育工作者，必须认真学习马克思列宁主义、毛泽东思想和中国特色社会主义理论体系，科学完整地把握这些思想的精髓，深刻理解加强意识形态教育的重要意义，以此培养和增强对社会主义意识形态的认同感。毛泽东同志在战争年代就指出："只要我们党的作风完全正派了，全国人民就会跟我们学。党外有这种不良风气的人，只要他们是善良的，就会跟我们学，改正他们的错误，这样就会影响全民族。"① 邓小平曾强调："思想政治工作和思想政治工作队伍都必须大大加强，决不能削弱。"② 习近平总书记也要求党员领导干部算好"政治账""利益账""良心账"。基层党员和干部是群众中的精英分子，在意识形态教育中必须有责任、有担当。"如果把自己看作群众的主人，看作高踞于'下等人'头上的贵族，那么，不管他们有多大的才能，也是群众所不需要的，他们的工作是没有前途的。"③ 因此，要激励和倡导党员、干部以身作则，表里如一，争当为民务实的楷模、清正廉洁的榜样，时刻以共产党人的高尚品格和廉洁操守引领社会风尚，弘扬社会正能量。在具体工作中，意识形态教育者既要尽职尽责，也要善作善为。应坚持以人为本，以学生为主体地位办事情，尤其要注意把握大学生最为关心的问题，于细微处见精神。多征求大学生的意见和建议，多主动与学生沟通和交流，了解他们的真正需求，对症"治疗"进行帮

---

① 毛泽东：《毛泽东选集》第3卷，人民出版社，1991，第812页。
② 邓小平：《邓小平文选》第3卷，人民出版社，1993，第145页。
③ 毛泽东：《毛泽东选集》第3卷，人民出版社，1991，第864页。

扶。通过落实群众路线，在自我升华的同时，让社会主义意识形态深入学生内心。同时，注重促进高校辅导员队伍的职业化发展。我国高校辅导员队伍不断发展壮大，并且正朝着专业化、职业化的目标迈进。辅导员在高校意识形态教育工作中的地位不断加强，作用不断凸显，他们的职业认同感和归属感也不断增强。高校通过不断加强辅导员队伍建设，通过完善培训体系、提升待遇、完善职称晋升等途径，促进辅导员职业化发展，提升他们的职业自豪感和归属感，使他们真正成为高校意识形态建设工作的中流砥柱。

三、大数据时代高校意识形态安全建设的现状

（一）大数据时代高校意识形态安全建设存在的突出问题

为了进一步深入了解大数据时代高校意识形态安全建设的现实状况，本书特别对问卷内容和结构做了精心设计。本次调查为"大数据时代高校意识形态安全建设调查研究"，内容侧重调查和检测大数据时代高校意识形态安全建设所涉及的内容、观点、方法、立场的内化程度。地域按照北部、东部、中部和西部划分，分别涉及北京、黑龙江、山东、浙江、河南、四川、海南等地的普通高等院校，如北京林业大学、哈尔滨工程大学、东北大学、海南大学、海南师范大学、海南医学院、温州大学、四川大学等。本次调查共发放5000份问卷，其中，收回4982份，收回率99.7%。调查结果表明，大数据时代高校意识形态安全建设总体状况良好。大学生的意识形态主流是积极、健康、向上的，高度认同马克思主义意识形态，坚持中国共产党领导，并将个人的成长和国家、社会的需要紧密结合在一起，在实现中华民族伟大复兴的伟大实践中实现自己的理想抱负和人生价值。但在调查和访谈过程中也

发现一些亟待解决的问题，具体包括如下方面。

1. 认识存有偏误，表现出较强的现实主义倾向

改革开放以来，自由主义、拜金主义、享乐主义和利己主义等思潮在高校广泛传播，高校大学生的价值取向发生偏差。部分大学生在生活中一味追求奢侈享受、贪图享乐，丢失了勤俭节约、艰苦奋斗的精神。部分大学生集体主义观念淡化，做任何事情首先考虑个人利益，当个人利益与社会道义发生冲突时，利益优先。部分大学生的奉献意识减弱，在奉献和回报面前，他们对奉献"敬而远之"，却只将索取牢记于心。

调查表明，部分大学生对意识形态安全建设的认识存在偏误。问及"您认为对大学生进行意识形态安全教育有没有必要"时，选择"没必要"和"不清楚"的比例共计7.6%。大学生对意识形态安全建设认识上存在偏误，导致马克思主义意识形态的认同也存在偏差。问及"马克思主义是不是过时了"，选择"赞同""部分赞同"的总计结果比例是7%。问及"共产主义是否能实现"，选择"说不清楚""对这个问题不感兴趣"的总计结果比例达到26%。部分大学生对共产主义没有信心，表现出怀疑的态度。

大学生对马克思主义意识形态的认同主流是积极、健康、向上的，但是在认知上呈现模糊性，在认同上呈现差异性，在认识上呈现实用性等特点。部分大学生认识不到大数据时代高校意识形态安全建设的重要性，把意识形态学习当作负担应付了事，使主流意识形态处于个人生活的边缘。部分大学生承认马克思主义理论的重要作用，但对马克思主义理论"敬而远之"，很难从内心产生热爱之情。在调查中，大多数大学生对我国社会政治生活中发生的重大事件表现出了极大的热情和关注。但部分大学生没有把爱国情持之以恒地融入自己的实际行动，缺乏承担起历史使命的坚强意志。在现实中，大学生理想信念的定位，更多的是

从个人前途命运和机制满足方面去考虑，把理想信念追求定位在具体的人生目标上，导致大学生对社会发展和民族国家命运的关注减少，这在一定程度上削弱了大学生应有的社会责任感。在大数据时代，信息开放包容，不同民族、不同国家、不同政党的政治文化充斥在网络中，形成了网络政治信息的杂芜多样。这些良莠不齐的社会思潮无疑增加了对于政治敏锐性不强的大学生判断的难度。由于外界媒体的误导，部分大学生忽视了世界仍然存在不安定因素和充满危机的事实，对我国面临的来自西方国家及敌对势力的威胁和周边不安定的因素认识不够，国家安全意识较为淡薄，忧患意识淡化，缺乏将政治安全、经济安全、文化安全、意识形态安全等作为国家安全的高度来看待的意识。

2. 教育合力不足，主流意识形态教育的实效性不高

高校思想政治工作关系高校培养什么样的人、如何培养人以及为谁培养人这个根本问题。为此，高校要坚持把立德树人作为中心环节，把思想政治工作贯穿教育教学全过程，实现全程育人、全方位育人，努力开创我国高等教育事业发展新局面。调查表明，学校对大数据时代高校意识形态安全建设的重视不够。问及"您所在学校对大数据时代高校意识形态安全建设的重视程度"时，选择"重视程度一般""重视不够"总计比例达31.2%。一些学校只是把高校意识形态安全建设"虚设"在"高处"，存在重视不够、认识不足、举措不力和管理不善等问题。由于一些高校对意识形态安全建设的重视不够，使部分高校教师在开展意识形态安全建设中只一味追求所谓课堂教学效果，避而不谈政治导向问题，导致在大学生中普遍地出现只注重专业课的学习而轻视意识形态安全教育的对象。高校的专业课教师对大学生意识形态安全的重视程度也存在明显不足。调查表明，高校思政课程与其他专业课的配合不足。问及"您对思想政治理论课和其他专业课在意识形态安全建设中

的配合如何评价"时，选择"缺乏配合""说不清楚"的比例共计12.3%。从调查数据来看，高校思政课是大学生学习马克思主义理论知识、坚定马克思主义信仰的主渠道，教师的教学水平和教学效果得到大多数学生的认可，但高校教师在教学内容、教学方法、教学手段等方面还存在不足，尤其是高校普遍存在一种误区，认为意识形态安全教育是思政课教师的事情，与其他部门和教师无关。由此导致大数据时代高校意识形态安全教育主体各自为政，没有形成教育合力。调查显示，67.8%的大学生认为学校开展的与意识形态安全建设相关的大型活动非常有意义，并深受感染。但也有21.6%的大学生认为缺乏感染力和实效性。这表明高校在推行意识形态安全过程中采取的态度和支持的力度不一，大学生感受的影响效果差异较大。

大数据时代高校意识形态安全建设需要学校和家庭的互动，实现学校、家庭和社会的协同教育，才能确保教育成效。家庭教育是大学生最早接受的教育，这其中也必然包括有关信仰方面的灌输，而且家庭中潜移默化的影响能深刻烙印在人身上。有些家庭的长辈信仰宗教，由于他们生活习性、思想观念和行为方式等的熏陶和感染，大学生不知不觉地接受了宗教信仰。问及"您对学校与家庭在高校意识形态安全建设过程中的配合如何评价"时，选择"缺乏配合""说不清楚"的比例达到26.7%。同时，调查表明，学校与社会教育的配合也存在不足。问及"您对高校与社会在意识形态安全建设方面的配合如何评价"时，选择"缺乏配合""说不清楚"的比例共计达到17.8%。这表明，社会在配合大数据时代高校意识形态安全建设中存在不足。意识形态安全教育与宣传的最大弊端是空洞。思政课发挥着主流意识形态教育的主渠道的作用，而符合"00后"大学生学习、思维特点的新媒体及可视化媒体的作用并未充分发挥出来，立体化的主流意识形态教育渠道尚未有效构建。部分高校大学生对马克思主义意识形态存在书本化认同、表面化认同和功利化认同等问题和倾向，呈现多元与多变的特点。

3. 学生主动参与度较低，知行难统一

调查表明，部分大学生对学校开展的意识形态安全教育，只注重概念知识的记忆，而忽视对概念的真正和深入理解；只注重对理论观点的表象学习，而忽视理论在社会与个体实践中的指导作用，忽视运用理论分析和解决实际问题的能力。这种表象化的认同，导致部分大学生知行难统一。在对马克思主义意识形态的看法上，呈现出事实判断与价值认同的不一致。虽然大部分大学生对马克思主义理论是我国的主流意识形态的这一事实高度认同，对信仰马克思主义是坚定执着的，但也有小部分大学生思想处于一种摇摆的状态。一些大学生知行错位，马克思主义理想信念淡薄，信仰选择多元，入党动机功利。这说明在认知层面部分学生还未达到真知真懂真信的理想状态，出现思想的困惑和价值选择取向的相对模糊化。

大多数学生对马克思主义意识形态的指导地位高度认同，但在内化及实践马克思主义意识形态的效果并不明显，其中，约55%的大学生基本和完全不阅读相关著作，日常生活中很少系统地学习马克思主义理论，较少涉及和探讨马克思主义理论相关问题，参加马克思主义理论的实践活动热情不高。从调查中也发现，部分大学生接受和认同马克思主义意识形态的态度比较模糊，不确定性比较强，存在"说"与"做"两个标准问题，在涉及自身道德行为实践时，出现"知"与"行"的背离和两极分化现象。部分大学生做任何事情先考虑个人的利益，把个人主义当作自己的行事原则，当个人利益与社会道德发生冲突时，利益优先。部分大学生的奉献意识减弱，以自我为中心，只求索取，不讲奉献，缺乏社会责任感。

调查发现，一些大学生对于意识形态安全教育的重要性和必要性认识不清。他们学习思政课只是为了不挂科或顺利通过研究生考试。还有部分大学生对马克思主义理论学习不系统，对马克思主义思想理解不深刻、不全面，甚至盲目鼓吹马克思主义已经"过时了"，错误地认为马克思主义指导思想已经不适用于当下瞬息万变的社会现实了。这些现象表明，我国的社会主义意识形态在大学生思想中有淡化的趋势。如果任由其发展会导致大学生的马克思主义信仰危机，而这种信仰危机又会影响大学生的现实生活。

（二）大数据时代高校意识形态安全建设存在问题的原因

1. 西方文化的强势渗透

资本主义与社会主义的战争从来没有停止过。随着冷战的加速，资本主义与社会主义的战争阵地转向了意识形态领域。以美国为首的西方资本主义国家不断通过思想和文化的渗透对社会主义国家进行西化和分化。美国前总统尼克松面对美苏争霸，提出尽管在政治、经济、文化、军事等方面美苏都在积极竞争，但意识形态领域的竞争是最重要的，若美国在意识形态斗争中败下阵来，输给苏联，那么"所有武器、条约、贸易、外援和文化关系都将毫无意义"①。亨廷顿在《文明冲突与世界秩序的重建》一书中认为，"未来各国之间的冲突将由不同的文化因素所引起，而不是经济或意识形态因素"②。西方资本主义国家利用不同文明间文化异同可能引起的摩擦来掩饰他们对其他国家基于经济利益争夺而进行的"侵略"，尤其是利用文化渗透对其他文明进行意识形态的侵占。在这场意识形态的争夺战中，西方发达资本主义国家更是将目标

---

① ［美］理查德·尼克松：《1999年：不战而胜》，王观生等译，世界知识出版社，1989，第96页。
② ［美］亨廷顿：《文敏冲突与世界秩序的重建》，新华出版社，1996，第227页。

锁定在我国大学生身上。美国前国务卿杜勒斯指出，要把和平演变战略的重点放在社会主义国家的第三代和第四代人身上。大数据时代，网络成了西方资本主义国家向青年大学生传播西方文化思潮的重要利器。

大数据时代，西方发达国家利用其强大的经济实力和技术领域的优势，对发展中国家进行文化的强势渗透，向大学生传播其政治思想、价值观念和生活方式，推行其所谓的自由、民主、人权及普世价值，企图最大限度地向大学生推行西方资本主义制度，使大学生接受西方意识形态，丧失对社会主义意识形态的信仰和信心，搞垮社会主义，遏制和消灭共产主义。大数据时代，西方发达资本主义国家对大学生进行意识形态渗透主要表现在以下几方面。一是以学术传播为幌子大肆宣传新自由主义、民主社会主义、历史虚无主义、文化保守主义和普世价值等各种社会思潮。这些错误思潮以传播学术的面貌出现，通过发表学术见解的形式来反映其根本图谋，企图让大学生接受西方的政治制度，使我国按照西方资本主义的模式进行政治体制改革，由此把我国变成西方资本主义国家的附庸。二是以文化交流为由，借助其庞大的全球信息传播体系，依托他们认为的学术精英或政治精英，以文化交流、合作办学等名义向大学生传播其生活方式和价值理念，强势推行其意识形态，宣扬"意识形态终结论""意识形态淡化论"等错误观点，鼓吹"告别革命""反思历史"等错误论调，通过捕捉社会上的热点敏感问题煽动大学生对党和政府不满情绪，影响和冲击大学生的精神世界。部分大学生在西方文化的影响下产生了道德虚无主义的文化心态，在是非辨别和价值判断等方面丧失独立思考的能力，致使他们政治意识淡化，价值观扭曲。三是凭借其在经济政治方面的强势地位，以西方文化产品为载体，向我国输出其文化产品。借助文化产品的输出公开推销其社会政治理念、意识形态和生活方式，宣扬个人主义、利己主义和享乐主义。"由不平等、不平衡、集中和垄断的国际传播秩序所导致的文化产品或信息产品的单向流动，将裹挟于其中的社会价值和政治观点倾倒给对象国，潜移默化地影响着他们的观念、信念和精神结构。这种媒介话语权不仅仅是携带意义的语言，还是权力运作的方式，一种抹平文化差异的话语权力。"① 大数据时代，网络成为社会舆论的放大器和国家软实力竞争的制高点。网络也成为西方发达资本主义国家兜售西方民主和价值观的重要工具。数据表明，网络语言文字中90%以上为英语，国际信息领域"西强东弱"的现实使马克思主义意识形态在与西方意识形态的对话和冲突中处于劣势。西方发达资本主义国家依托网络文化殖民主义向大学生传播极端个人主义，推销其意识形态，并通过恶意制造谣言故意丑化我国的社会主义制度和中国共产党的领导地位，企图使大学生对中国的发展失去信心。因此，加强对大学生社会主义意识形态的安全教育，有效抵制西方的分化，反"和平演变"，反西方渗透已经刻不容缓。

2. 转型期多元利益博弈

当前，我国正处于社会转型期，市场经济体制渗透社会的各个层面，"各种欲望、情感和意识不断地膨胀和涌现出来，使日常生活充满着、纠杂着各种新的感受和经验，各种不同的观念、态度和信仰从不同的层面、不同的阶层、以不同的方式显现出来"②，"任何一种经济体制都有一整套与之相适应的意识形态作为其文化支撑，相应的任何经济体制的变革也必然伴随着意识形态的适应性调整或整体性转换"③。社会转型对马克思主义意识形态依存的经济基础和阶级基础带来根本性挑

---

① 熊伟：《话语偏见的跨文化分析》，武汉大学出版社，2011，第195页。
② 梁敬东：《缺席与断裂——有关失范的社会学研究》，上海人民出版社，1999，第115页。
③ ［美］莫里斯·博恩斯坦：《比较经济体制》，王铁生译，中国财政经济出版社，1998，第10页。

战，衍生出利益主体多元化及其价值取向的多样化，并伴随着人们对马克思主义意识形态认同的消解和转型后的重建。同时，伴随市场经济而来的贫富差距的日益扩大，马克思主义意识形态受到了诸多负面影响，促使人的价值观念发生了相应的变化，这加剧了马克思主义意识形态对社会的整合难度，降低了马克思主义意识形态的价值主导能力，给高校意识形态安全建设带来极大的冲击，也必然影响大学生对马克思主义意识形态的认同。其具体表现为以下几点。一是市场功利性引发的拜金主义冲击着传统的集体主义价值观，诱发享乐主义、拜金主义和自由主义倾向，从而使新时代大学生道德价值观发生偏移，这必然影响他们对马克思主义意识形态的自我建构。市场经济的功利性容易催生市场化人格，放大人的私利性，导致拜金主义的滋生和蔓延。越来越多的人信奉利益竞争和等价交换的市场法则，把人与人之间的关系扭曲为交换关系，导致贪污腐化等腐败现象和社会诚信危机出现。在转型过程中，由于法律法规不健全，一些人在竞争中不择手段，不守信用，引起道德行为失范和思想道德滑坡。这不仅冲击着高校意识形态安全建设的生成基础，影响高校意识形态安全教育的实效性，而且给新时代大学生带来深刻的思想影响，影响他们对社会主义意识形态的内心和情感认同。部分大学生过分注重物质利益，以个人需求和对利益的追求为中心，出现了唯利是图、诚信缺失、社会责任感缺失等行为。还有部分大学生为了获得一定的经济回报，道德沦丧、人格缺失，做出有损大学生形象、违反基本道德行为规范的事情。境外情报机构近年来以金钱为诱饵，诱使大学生参与情报搜集、分析与传递，个别大学生甚至为了金钱出卖国家机密，成为敌对势力的间谍。二是社会转型期引起社会价值观念的变革和冲突。随着经济的快速发展，形成了多种利益主体和不同的社会阶层。不同的社会阶层和利益主体在思想文化、价值观念和道德理念方面存在明显的差距，由此呈现出传统价值观与现代价值观、本土价值观与外来价值观并存的复杂局面，并且不可避免地引发价值观多元碰撞和冲突，最终表现为社会转型期主流意识形态冲突。意识形态领域多种思想文化和价值观念并存，历史虚无主义、民族分裂主义等都影响着人们的生活，尤其对新时代大学生带来不同程度的影响。大学生面临着传统价值理念和现代价值理念、理性的抽象性和现实的具体性之间，个体主义价值理念和集体主义价值理念之间的矛盾与冲突。这必然会使大学生对过去较为统一的思想观念、行为准则由认同走向质疑，导致部分大学生在面对多种意识形态的选择时感到迷茫，产生思想观念和评价标准的多元化，从而对马克思主义意识形态的认同和内化呈现出弱化趋势。三是不良社会风气对新时代大学生认同马克思主义意识形态产生侵蚀作用。社会风气是社会意识形态的外化体现。随着改革开放的深入开展，整个社会出现了极大的过渡性、流动性和不稳定性。各种利益表达与诉求呈现爆炸式增长，各种错综复杂的利益关系、社会现象和矛盾也不断涌现。在部分地方、部门和领导干部中，教条主义、形式主义、官僚主义、享乐主义盛行，脱离实际、脱离群众问题突出。党内腐败问题严重损害了党的声望，破坏了党在群众中的良好形象，这直接导致人民群众对党的执政能力和执政水平的不信任，影响到马克思主义意识形态建设的合理性基础，造成马克思主义合法性基础的动摇，尤其是伴随着社会不公正状况向高校延伸，直接影响了马克思主义意识形态在新时代大学生中的说服力和可信度，削减了他们对马克思主义意识形态的思想认同和情感认同。高校中出现的学术腐败、丧失学术道德底线、学历掺假、治学松弛等不良学风问题的客观存在，不仅严重损害了我国教育事业的发展，而且危害贻误大学生的成长。部分大学生对马克思主义理论学习的兴趣不高，动力不足，甚至认为学习马克思主义无用。不良社会风气不同程度地影响了新时代大学生树立正确的世界观、人生观和价值观，直接影响高校意识形态安全建设目标的最终实现。

3. 教育方式方法欠佳

大数据时代，高校意识形态安全教育运用正确的方式方法，对于实现意识形态安全建设目标具有重要的意义。调查表明，目前部分高校意识形态安全教育方式方法欠佳，教育效果不理想。主要表现在以下几点：一是忽略新时代大学生的个体特征和自主意识，大学生主体性发挥不足。高校意识形态安全建设的目的，既要适应我国意识形态安全的总体要求，也必须充分发挥大学生的主体性和内在需求。而在教育教学实践过程中，部分高校在开展意识形态安全教育中，更多地关注国家意识形态安全在宏观方面的要求，注重强调意识形态安全教育的共性要求，而忽略了新时代大学生的个体利益、个人需求和主体性的发挥，忽视了意识形态安全教育与每位大学生的内在联系，从而导致部分大学生错误地认为意识形态安全教育与自己的现实生活没有必然的联系，与自己未来的发展更没有内在关联。部分大学生在面对现实问题时，往往从个人利益出发，理想信念趋于淡化，对马克思主义意识形态的认同只停留在认知和情感阶段，而没有体现在行为上，知行严重脱节。二是高校意识形态安全教育内容时代性与现实性不足。长期的教育实践表明，远离社会现实生活的理论内容和话语体系往往会使人产生反感和排斥的情绪，敬而远之。大数据时代高校意识形态安全教育的内容必须紧密联系大学生的思想和学习生活实际，增强教育内容的现实性和时代感，才能提升意识形态安全教育的实效性和针对性。但在目前高校意识形态教育教学实践过程中，部分教育内容脱离了大学生的思想实际和具体需要，教育内容层次性不强，时代感不足，现实性不够，缺乏实证研究和学理支撑，尤其是在教育内容传播方面，忽视对教育内容的话语转化，政治话语、文件话语和权力话语成为高校意识形态安全教育的话语主体，忽视对话式的话语。部分高校常常以传统的文件语言、缺乏情感的语言进行传播，这使大学生认为马克思主义理论经典内容晦涩难懂，过于理论化、抽象化和神圣化，致使大学生对意识形态安全教育产生疏离感。这严重影响了马克思主义意识形态在大学生中的传播与认同。三是高校意识形态安全教育方式方法缺乏创新。多样化的教学方式和方法是提高大数据时代高校意识形态安全教育的关键环节，尤其是大数据时代，新媒体使单向度的传统教学模式发生了变化，高校意识形态教育者的部分职能和角色被新媒体替代，削弱了意识形态安全教育者在课堂教学中的权威性，同时，大数据时代新媒体的大量信息也削弱了教育者在课堂教学中的影响力和吸引力。目前，一些高校在意识形态安全教育过程中教学方法陈旧，缺乏创新，存在"形式化""填鸭式"倾向。部分高校把意识形态安全教育当作单纯的教学任务来完成，课堂教学流于形式，一味强调知识教育和教材中心，将意识形态安全教育视为"纯知识体系"，实践教学很少开展。部分高校只关注大学生对知识信息的掌握程度，而不去分析和阐释理论体系本身所蕴含的价值目标，不关注大学生的思想及其关心的热点、难点和疑点问题，不关注大学生对教育内容的接受和认可程度，对大学生的人文关怀和生活指导不够，对他们自我教育和自我管理引导不足，缺少师生间的沟通和互动，仅局限于课堂教学，没有形成教师第一课堂与学生第二课堂的有效衔接。部分高校意识形态安全教育者理论功底薄弱，在工作中缺乏深入研究大数据时代意识形态安全教育方式方法更新的主动性和示范性，由此直接影响大学生接受意识形态安全教育的积极性，在一定程度上影响和衰减了高校意识形态安全教育的效果。

4. 大学生自身局限性

大学阶段是青年大学生树立和形成正确的马克思主义意识形态安全观的关键时期。这一时期的大学生在思想、心理和道德等方面都得到一定的发展。他们目标规划明确，自主意识增强，对前途充满信心；他们竞争意识增强，竞争理念逐步形成，根据社会对人才的需求更加注重个人能力的培养和提升；他们敢于挑战传统，勇于质疑和挑战既成的观念，富有批判意识。但从总体上来看，他们的思想还不够成熟，缺乏稳定性，其价值观念容易受外界环境的影响。这使他们对社会的认识呈现出经验主义和功利主义的特点。在面对各种社会思潮和意识形态的碰撞时容易陷入自我认识的误区，让表层化、实利化和情感化取代应有的理想思考和道德追求，从而导致思想上的迷茫和困惑，造成对马克思主义意识形态的疏离。一些大学生不重视马克思主义理论的学习，对马克思主义意识形态的认知缺失，政治信仰迷茫、价值取向扭曲。同时，随着市场经济的不断发展，大学生的思想认识不同程度地表现出功利主义倾向。部分大学生在日常生活中更多关注自身利益，以能否带来现实和直接利益作为评价标准，只顾眼前而考虑不到长远，只顾个人利益而不顾社会利益。在学习内容和学习目的上，倾向于以功利主义为标准，把适应社会需求作为自己的学习动机，把参加社会活动能够加分和评奖评优作为主要目的和动机，为了有利于就业或体现个人荣誉而入党，缺乏对共产主义信仰的认知。

现在的大学生主要是"00后"，他们拥有较为丰富的科学文化知识，尤其在大数据时代，他们的思想更为开放，乐于接受新鲜事物，求知欲强、观念新，在学习中华优秀传统文化的同时，能够以全球化的眼光观察和了解世界，大量涉猎西方文化。但由于大学生认知方式和生活经历简单，缺乏政治经验、政治鉴别力和洞察力以及社会生活的基本经验，思维和意识的主观性和片面性较强，辨别能力较差，因此，他们对接收到的信息更多采取感性和日常生活体验的方式去理解和接受，往往不能正确地加以辨别，对重大政治问题和实践的认识和判断存在偏差，致使马克思主义意识形态安全观弱化。这种思想上的不成熟带来思想认识上的误区，导致他们对马克思主义意识形态的选择、评价和建构都产生思想困惑，甚至部分大学生认为意识形态安全问题就是政治问题，与自己个人无关，进而对意识形态安全教育没有热情和兴趣，对马克思主义意识形态的认同表现出冷漠的态度。总之，新时代大学生的价值观多样、历史观缺失、政治知识结构片面，以及政治信仰迷茫、理想信念模糊已经成为大数据时代高校意识形态安全困境的催化剂。

第四章　大数据时代高校意识形态安全建设
面临的机遇与挑战

维克托·迈尔指出，大数据时代的到来使人类第一次有机会和条件，在非常多的领域和非常深入的层次获得和使用全面数据、完整数据和系统数据，深入探索现实世界的规律，获取过去不可能获取的知识，得到过去无法企及的商机。①随着大数据时代的来临，高校意识形态建设环境发生了深刻而又复杂的变化。意识形态工作的组织形式、教育形式、互动形式向着多元化的方向发展。大数据以其数据规模大、数据种类多、数据处理速度快和价值密度低等特点，在给高校意识形态安全建设带来机遇的同时，也给高校意识形态安全建设带来严峻的考验。

一、大数据时代高校意识形态安全建设面临的机遇

（一）大数据技术成为把握大学生思想动态的重要手段

在信息社会里，任何国家和地区的任何人都有权享受信息和知

---

① 维克托·迈尔—施恩伯格：《大数据时代》，盛杨燕、周涛译，浙江人民出版社，2013，第230页。

识。① 大数据技术将电话、电报、广播和电视等传统的大众媒体与先进的卫星、光缆、计算机通信手段相联系，构成了跨地区最广的信息传媒，突破了地域和时间的限制，为社会成员提供了接触各种政治信息的机会。传播渠道的扩大，防止了因信息闭塞而产生的各种小道消息、政治谣言的传播，公民拥有政治信息数量与质量的提高为公民形成正确的判断提供了基础。大数据创造了全新的、平等的、没有强权和中心的信息空间，为人们提供了平等交流的机会和平台。人们只要掌握相关技术就可以在网络空间享受信息和知识，平等地享有"话语权"。大数据时代把世界上的各个国家和地区联为一体，形成"地球村"，民主参与变得十分便捷，人们足不出户，点几下鼠标就能对国家和地方事务发表自己的看法。同时，公民拥有政治信息数量与质量的提高使公民在感知与介入世界方面获得了前所未有的、酣畅淋漓的感觉。这极大地提高了公民政治参与的热情。

根据联合国的研究报告，全球的大数据存量从 2005 年的 150EB（艾字节）增长到 2010 年的 1200EB，并预计将以 40% 的年增长率继续增长，2020 年将达到 2007 年的 44 倍，平均每 20 个月翻一番。1EB ＝ 260B（字节），相当于 13 亿中国人人手一本 500 页的书加起来的信息量，5EB 则相当于 3.7 万个美国国会图书馆的信息量。② 管理和运用大数据信息资源，是国家意识形态治理和社会舆情治理的重要组成部分。习近平总书记十分重视舆情中的"意识形态优先"，他强调，党的重要工作之一就是抓好意识形态工作，并且强调在宣传工作要注重思想创新、手段创新、理念创新以及方法创新，积极开辟宣传工作的新局面，

---

① ［英］戴安·科伊尔：《无重的世界——管理数字化经济的策略》，上海人民出版社，1999，第 24 页。

② 徐继华、冯启娜、陈贞汝：《智慧政府：大数据治国时代的来临》，中信出版社，2014，第 12 页。

善于提出解决难题的新举措。可以说，大数据技术的应用为意识形态工作者带来了便利。意识形态工作者通过数据收集技术采集源于不同信息载体的反映受众思想动态的数据，多方位，多维度地利用信息处理技术对数据实现存储和分析，把类型不一、结构多样的反映受众思想动态的数据转变为统一的结构。同时，利用现代科学技术中的数据清洗技术对内容残缺、错综复杂、重复无效、虚假错误的数据信息进行剔除，建立能够反映受众思想动态的模型，以实现对受众思想动态的全面认知和准确把握。显而易见，大数据技术成为把握大学生思想动态的重要手段。大学生在网络上聊天、浏览网页等行为，能够记录并反馈出他们的思想。运用大数据可以为高校意识形态工作者提供更为便捷、更高质量的舆情信息，减轻其工作难度，从而帮助他们更好完成任务。高校意识形态工作者可以通过大数据分析把握大学生网民不同的思想、情感、心理、思维等特征，对大学生网络舆情进行实时分析，进而最真实地反映出大学生的需求和思想状况。同时，大数据分析还能通过对大学生网民思想和心理变动的分析，科学预测接下来一段时间内的舆情发展方向，从而帮助高校意识形态工作者提前决策、提前应对，进而在事发前预防化解问题和冲突。大数据对高校意识形态工作者来说是一个高效的工具，只要正确利用，对于掌握大学生的思想动态有着重要的作用。

（二）大数据拓展了高校意识形态建设的宣传平台与渠道

在传统的社会主义意识形态建设工作中，信息传递较为滞后，主要依靠报刊、广播、电视、电话等，这些工具传递速度较慢，致使意识形态教育内容不能及时传送到受教育者手中，意识形态工作者也不能及时得到来自受教育者的信息反馈，这使意识形态工作者在教育方法、教育手段等方面产生盲目性，影响意识形态教育的效果。大数据时代，随着信息网络的发展，人们可以轻松地跨越国界、地域、民族、行业等现实世界阻碍人们自由交流的屏障，任何人只要一上网，鼠标轻轻一击，足不出户就能迅速便捷地浏览和存储网上信息，通过网络周游世界，"进入"图书馆、博物馆、各网站，查找资料、搜索信息、阅读报刊，与外界任何人进行思想交流。这极大地满足了人们强烈的求知欲和好奇心，激发人们创造性地参与网络各种活动，发挥其主体创造性。同时，传统的信息传播工具只有单一的发送功能，而网络传输则是一种上下交互的传递方式。网络媒体将信息传递给网民，网民可以随时随地上网阅览，发表的意见也可及时反馈。

大数据时代，新媒体技术的诞生打破了过去时间和空间的限制，扩大了意识形态所能辐射的范围，给高校意识形态工作带来极大的便利。新媒体传播的低成本、即时性、丰富性和无边界性等优势使其成为高校意识形态工作的宣传平台与主要渠道，促进了高校意识形态工作者与广大高校青年学生之间的互动，从而能够更加贴近大学生的学习与日常生活。高校意识形态工作不再局限于现实的群体与空间，而是逐渐延伸到虚拟的互联网环境中，扩大了高校意识形态工作参与面。在高校意识形态安全建设中，高校意识形态工作者可以及时了解到意识形态教育的效果，并能及时调整信息内容和教育方法，增强了高校意识形态工作的实效性。当前，大学生通过新媒体技术，广泛地获取信息、学习知识。作为高校意识形态工作者，必须不断创新意识形态教育的模式，深入大学生常用的新媒体领域的方方面面，积极运用新媒体，开展意识形态教育。在传统媒体为主流的时代，高校意识形态工作是通过研究上级党委和相关部门的文件指示精神，有计划、有组织地逐级传达给各个基层的学院专业，最后再到学生个体。这不仅耗时长也会耗费大量的精力。如今，各大高校都在逐步扩大意识形态工作的领域，意识形态教育不再局限于课堂上的教学，或是集体大会的宣传，而是通过微博、微信等客户端向大学生广泛地宣传马克思主义，促进大学生对马克思主义的深入了解。在日常的教学中更是利用新媒体技术，以翻转课堂的形式，使大学生充分发表自己对马克思主义的认识，促进他们深入理解马克思主义，并能够在生活中学习和运用马克思主义理论解释问题，由此树立正确的世界观、人生观和价值观。此外，大数据时代，新媒体技术促进了高校意识形态安全工作体系的革新。意识形态工作者通过网络公布学习有关主流意识形态的信息与内容，通过学校官网、微博、校园贴吧等扩大校园信息的传播面，提高信息传播效率。学生们可以通过 QQ 群、微信群及时了解学校的动态，实时关注校园信息。由此，扩大大学生学习马克思主义的渠道，将高校意识形态的受众面扩展到全校师生。

（三）大数据增强了高校意识形态教育的吸引力和感染力

大数据时代，互联网作为新的信息传播媒体，不仅成为人们获取知识和信息的重要渠道，而且极大地改变着人们的工作方式和生活方式。麦克卢汉指出，"电子媒介的发展终将使心理上的公共整合成为可能，这种整合开创了但丁预见的意识普世性"[1]。网络的全球性特点为我们利用互联网进行意识形态宣传，巩固和发展社会主义思想阵地提供了条件和可能。网络的交互性特点使社会主义意识形态的宣传更加接近受众生活、情感、思想与灵魂，从而增强社会主义意识形态的影响力。网络传播的个性化，使网络文化生动多样、充满活力，也使我们可以针对不同的群体和个体需求，进行网络文化创新和网络文化传播阵地建设，提高意识形态宣传教育的针对性和有效性，从而为增强社会主义意识形态的辐射力、吸引力和感染力，巩固社会主义思想文化阵地提供便利

---

① 李彬：《全球新闻传播史》，清华大学出版社，2005，第 448 页。

条件。

马克思主义意识形态要深入人心，变成民众内心的信仰和信念，离不开对马克思主义意识形态的大力传播。意识形态传播的物质技术条件、传播手段等直接制约意识形态的辐射力和影响力。利益多元化、思想价值观念的多元化要求意识形态工作者要加强对受众的思想建设，加强对受众进行正确的思想教育引导。大数据时代，网络技术的发展为我们提供了丰富多彩和喜闻乐见的意识形态教育方式。互联网的信息传输几乎综合了报刊、广播、电视、录音录像、户外宣传等媒体的所有优点。多媒体技术不仅使意识形态教育内容的形态从平面走向立体，从静态变为动态，从现实趋向超时空，而且互联网的超信息量和信息的固有本质，使意识形态教育内容变得丰富而全面，且具有极高的文化与科技含量。现代信息网络技术的推广普及，打破了信息交流的空间限制，极大地改变了社会信息传播的传统方式，深刻地影响着意识形态传播和表达的环境。信息网络集文字、声音、动画、视频等多种感知功能于一体，直观生动地传递信息，而且信息容量巨大。网络语言具有声色俱全、图文并茂、声情融会等特点，可为人们提供真实的表现效果，感染力极强。特别是网络多媒体技术的运用，可在屏幕上创造一种活跃、轻松、愉悦的受教育情景，使严肃的宣传教育内容变得生动有趣，让人们在形象、生动、直观的教育中，思想得到升华，从而提高意识形态教育的吸引力。

大数据时代，依托网络，能够推动高校意识形态工作者与大学生的互动交流，实现意识形态教育介质的多样化；依托网络，能够转变传统"自上而下"的意识形态教育模式，意识形态教育形式灵活多样，有利于充分发挥马克思主义意识形态在网络空间的影响力，增强马克思主义意识形态的辐射力；依托网络，高校意识形态安全建设主体借助各种新媒体，使马克思主义意识形态通过网络图片、文字、视频等多种手段表达出来，既丰富了高校师生认识事物的方法手段，又使枯燥乏味的意识形态内容变得具体、生动，让大学生乐意并主动接受。在以微博、微信等新媒体为主要方式开展马克思主义意识形态宣传工作时，宣传形式的多样化和语言的生动性使大学生能够在轻松愉快的环境中学习原本严肃的教育内容，进一步引导大学生树立正确的价值取向，提升大学生对马克思主义意识形态的认同感，将高校意识形态工作不断引向深入，落于实处。

二、大数据时代高校意识形态安全面临的挑战

习近平总书记高度重视意识形态建设面临的问题和挑战，强调指出："要加强对各种社会思潮的辨析和引导，不当旁观者，敢于发声亮剑，善于解疑释惑，守护这一马克思主义、中国特色社会主义的坚强前沿阵地。"① 在全国宣传思想工作座谈会上，习近平总书记深刻指出，"能够做好意识形态工作，事关党的前途命运，事关国家长治久安，事关民族凝聚力和向心力。"② "意识形态关乎旗帜、关乎道路、关乎国家政治安全。"③ 以上论述深刻揭示了意识形态安全建设的重要性和艰巨性。

（一）冲击了马克思主义意识形态在高校的主导地位

美国数字预言家埃瑟·戴森指出："数字化世界是一片崭新的疆土，可以释放出难以形容的生产能量，但它也可能成为恐怖主义者和江

---

① 习近平：《在全国党校工作会议上的讲话》，《求是》2016 年第 9 期第 1 页。
② 习近平：《习近平总书记系列重要讲话读本》，学习出版社，2016，第 193 页。
③ 习近平：《习近平关于社会主义文化建设论述摘编》，中央文献出版社，2017，第35-36 页。

湖巨骗的工具，或是弥天大谎和恶意中伤的大本营。"①大数据时代，是否拥有信息和信息的拥有量，成为国家实力的重要体现。由于互联网技术发端于西方，因此，在其发展过程中表现出强烈的以西方为中心的特点，并成为西方资本主义国家传播意识形态的得心应手的工具。多年来，以美国为首的西方发达国家一直利用互联网发源地优势，牢牢掌握网络核心技术的话语权、网络安全技术的主导权和控制权，掌控互联网核心优势，大力传播西方的文化和价值观，推行"西方中心主义"。美国通过进入互联网公司的服务器和直接提取，国安局的特别机构主动、秘密、远程入侵获取，以及通过光缆获取世界范围内的数据等手段实施网络监控和信息的获取。苏联解体及西方敌对势力对社会主义国家系列"颜色革命"的成功，使中国成为西方敌对势力和平演变的重要目标。西方敌对势力除了在经济、政治领域推行和平演变战略以外，更主要的是通过文化进行渗透。利用现代传媒手段进行长期思想渗透，以文化商品为载体，向社会大众渗透西方的各种价值观，达到"润物无声"的效果。同时，以教育和学术交流为掩饰，向学者、知识分子等社会精英进行价值观渗透，拉拢和利用高层社科研究人员和知识分子，意在培养从内部瓦解社会主义的"文化基因"，通过他们的辐射作用传播西方的文化价值观，让民众对政治意识"淡化"，让干部被拜金主义"腐化"，让流言把领袖人物"丑化"，通过渗透将马克思主义"溶化"，进而磨灭民众的自信心和理想信念，否定社会主义的价值观，全盘否定改革开放的巨大成就，推翻中国共产党的领导，颠覆中国现行的政治体制。

美国国防部部长办公室曾委托兰德公司完成了《美国信息新战略：思想站的兴起》的报告。其主要内容包括以下几点：一是在世界各地

---

① ［美］埃瑟·戴森：《数字化时代的生活设计》，胡泳等译，海南出版社，1999，第17页。

扩张网络连接，特别是把网络连接到那些不喜欢美国思想观念的国家；二是把在世界范围内推行信息自由传播作为美国的权力；三是开发多层次的信息分享系统，不仅是确保信息安全，更重要的是制造一个全球性的信息分享空间，以便公开讨论某些问题；四是创建一个"特种媒体部队"，可以随时派遣到发生冲突的地区，收集与传播信息等。① 大数据时代，西方的拜金主义、极端个人主义、享乐主义等错误社会思潮趁机通过网络得以广泛传播。许多国家，尤其是广大的发展中国家民众通过接触和使用互联网，将比以前任何时候更容易地、也更多地受到来自西方国家的思想意识和价值观念的影响，极容易导致他们原有的价值观念发生倾斜、崩塌。执政者原来灌输、宣传的价值体系很可能受到质疑，甚至被无情抛弃。大数据时代，人们思想的多变性、选择性和差异性日益凸显。一旦人们感到自己的现实生活与理想生活差距过大或者对社会存在无力感时，他们对主流意识形态的热情就会下降，甚至会变得冷漠。同时，越来越多的中国公民，特别是年轻一代公民，对政府行为不再逆来顺受，或人云亦云，而开始采取一种相对独立的态度，对政府政策和政府行为做出自己独立的反应和评价。② 马克思主义在我国社会主义意识形态中的指导地位受到挑战。

　　青年大学生历来是各种意识形态和文化要争夺的重点对象。以美国为首的西方敌对势力一直鼓吹把"和平演变"的希望寄托在大学生和青少年身上。西方发达国家利用我国对外开放的机会加紧传播各种非马克思主义的意识形态和社会思潮，利用我国参与全球化进程的各种渠道不断渗透西方发达国家的思想文化、价值观念和生活方式，这些都影响着高校大学生的头脑，冲击马克思主义意识形态在高校的主导地位。实

① 于沛：《经济全球化和文化》，中国社会科学出版社，2012，第271页。
② 俞可平：《全球化与政治发展》，社会科学文献出版社，2003，第28页。

际上，西方发达国家已经展开了一场与我们争夺青年一代的"无硝烟战争"。大数据时代，西方加紧利用覆盖面广、传输方式快且不容易控制和管理的国际互联网等技术手段向青年大学生渗透和宣扬西方发达国家的价值观。大学生是互联网络的主要使用者，他们在学习和生活中不可避免要接触到包含西方价值观及生活方式的思想意识和社会思潮。由于西方强势信息的霸权影响，他们在头脑中已经初步形成的社会主义主流意识形态容易发生动摇，进而怀疑马克思主义在我国意识形态中的领导地位和指导作用。同时，消解大学生对我国主流意识形态的认同，从而增加了高校意识形态教育的难度。

（二）加大了高校意识形态安全监管的难度

大数据时代，信息传播的开放性、隐蔽性和即时性打破了主权国家对社会思想和价值观念的垄断封锁和控制性筛选，为社会成员在价值和信仰上的理性选择提供了多种可能性。过去建立在组织权为基础的意识形态霸权地位开始动摇，舆论统一的局面开始瓦解，进而在一定程度上削弱了主流意识形态的价值引导和舆论控制能力，给意识形态安全监管带来了挑战。托夫勒指出："多层次的、相互冲突的、定制的商业讯息、文化讯息和政治讯息将'轰击'着人们，而非只是由几大媒介共同重复的一条信息。在新的媒介环境中，陈旧的'群众动员型政治'和'赞同型工程'将会变得更加步履维艰。"[1] 保罗·赫斯特指出："新的通讯与信息技术使国家放松了对其领土控制的排他性，削弱了它的文化控制和同质能力。现在人们感到不足为奇的是，数字化通讯、卫星、传真机和计算机网络使国家已经不可能对信息媒介发放许可证并进

---

[1] ［美］阿尔温·托夫勒：《权利的转移》，刘江、陈方明等译，中共中央党校出版社，1991，第372页。

行控制了，这不仅削弱了意识形态上的独裁，而且破坏了国家用强力保存文化同质性的一切企图。"① 由此可见，大数据时代在极大丰富社会成员的知识和信息存量的同时，也使文化同质性、意识形态安全和主流意识形态认同的难度增加了。

我国传统的社会主义意识形态教育的基本方式是理论灌输，即在党的领导下，有组织、有计划地对社会成员系统地进行马克思主义理论的教育和宣传，以提高他们的思想政治觉悟。传统的意识形态建构者往往掌握了较多的知识与经验，掌握着相关的政治信息、理论信息和时政信息，拥有传播信息的权力与能力。而普通大众基于在信息占有方面的劣势地位，只是被动地接收信息，尽管有选择何种信息的自由性，但无法利用媒介主动传播个人信息。大数据时代，互联网的开放性和管理方式的去中心性决定了其信息的传递和交流是完全自由的，在一定程度上不受政府的管理与控制。互联网环境的虚拟性使意识形态教育从直接的现场方式转化为虚拟的非现场方式。正如劳伦斯·莱辛所说："边界把人民圈在里面，政府管理更方便。但信息世界打破了这种局面，逃避管理变得更容易了。"② 大数据时代，网络传播的虚拟性和开放性使信息的传递、交流具有很大的自由空间，任何人或任何组织都可以自由地从网上获取信息，也可以在网上发布信息。网上信息的共享性使意识形态的教育者与被教育者、宣传者与受众之间的信息落差日益消除，这使意识形态教育和控制舆论传播的难度加大。同时，传统的意识形态教育是在一元价值与信息垄断的社会背景下进行的，个人几乎没有什么自主性。但在大数据时代，多元文化和多元价值观并存，大学生了解信息的渠道更宽，信息的获取也愈加个性化、隐蔽化，理解信息也变得多角度化。

① ［英］保罗·赫斯特、格雷厄姆·汤普森：《质疑全球化——国际经济与治理的可能性》，张文成等译，社会科学文献出版社，2002，第336页。

② Lawtence Lessig, *Code and Other Law of Cyberspace*, Basic Books, 1999, p. 207.

他们不再简单地按照教育者制定的目标去了解信息，不再被动地接受教育者的灌输和安排，而是将各种信息和观点摆到一起，根据自己的判断力，选择认为正确的，并将其转化为自己的思想，指导自己的行动。这就加大了高校意识形态安全监管的难度。

在网络中，所有的人都是自己的领导者和管理者，个人成为真正自我的主体，每个人都可以发表自己的观点和看法。网络多样化的传播媒介如博客、微博、BBS 等网民自媒体打破了传统媒体一家独大的垄断地位。尤其是微博的兴起，更是实现了信息传播的便捷化、个体化和多元化。大众在网络上发出自己的声音，传播的平等性得到了充分的体现。但是，缺乏主流意见引导的零散信息容易导致人们精神上的无依无靠。大学生正处于世界观、人生观和价值观完善成熟阶段，可塑性大，大学生网民在各种社会思潮的激荡中极易受到错误思想的引导，主流意识形态易被弱化。总之，在大数据时代，难以控制的信息传播使言论得以"自由"，在增强个人力量的同时，深刻改变着大学生的价值取向、思维方式和行为规范，加大了高校意识形态安全监管的难度，使价值观念体系面临着消解与重构问题。

（三）动摇了传统高校意识形态传播模式

在传统媒体时代，我国意识形态传播主要采用"自上而下"的单向灌输方式。意识形态传播的主要载体是报纸、书籍、杂志、广播、电视、电影等；采取的手段是动员集体学习、集体收看和面对面辅导讲授等，意识形态传播主客体之间的关系明确、固定。与这种传播模式相适应，形成了具有强制性的、集中统一的、"自上而下"的传播体制。由于意识形态的强大控制力以及组织和意识形态教育者的权威性，容易形成青年大学生思想观念和价值取向的一致性，因此有利于实现马克思主义意识形态在高校的传播。但在大数据时代，互联网成为一种新的思想交流和参与活动的场所。对于网络传播来说，主客体之间的关系是不明确的、随机的，而且形成互为主体的平行的、双向互动和即时交流的关系。这种模式使传统的信息沟通和思想交流方式发生了革命性的变化。大学生不再仅仅是信息的接收者、消费者，还是信息的创造者和发布者。大学生对于学校意识形态教育，不再是单一地、被动地接收，而是可以自由地表达和发表自己的意见，根据自己的需要来选择接收或获取信息，并成为新的信息传播者。正如美国学者约翰·奈斯比特所说的"在网络组织里，信息本身就使得一切事物都趋于平衡……在网络组织中成员彼此平等对待，因为最重要的是信息，它使一切变得平衡"①。因此，大数据时代，随着社会信息化水平的提高和社会成员主体性的不断增强，必然使意识形态单向灌输方式的效力大打折扣，传统的集中统一、"自上而下"的意识形态传播模式受到挑战，主流意识形态的权威受到弱化。

尽管网络只是一种传播工具，并不带有社会政治制度的标签，但作为一种全球性的信息传播渠道，它在给我们带来有益信息的同时，也带来与我国主流意识形态相对立的政治思想文化。当前各种社会思潮借助网络技术实现了全天候、无缝隙地扩散，对我们的社会生活产生深刻影响。西方发达国家为了达到对社会主义国家"和平演变"的目的，借助各种社会思潮大肆宣传资本主义意识形态和价值观，试图用资本主义意识形态掌握文化全球化的主导权。尤其是以美国为首的西方发达国家通过文化冷战与意识形态斗争，借助西方社会思潮的传播，频频发动"颜色革命"。通过政治观、价值观等意识形态的灌输和渗透，成功地

---

① ［美］约翰·奈斯比特：《大趋势——改变我们生活的十个新方向》，梅艳译，中国社会科学出版社，1984，第202页。

对苏联、中东部分国家实现了政权的颠覆和更迭。正确的舆论导向是高校意识形态工作的生命，也是提高高校舆论引导能力的灵魂。为了应对西方意识形态的渗透，党的意识形态工作要能说服人，被大学生接受，高校则必须利用现代传媒尤其是互联网，运用网络引导青年、培养青年，进行社会主义意识形态的传播。

大学生是在网络的陪伴下成长起来的。他们的学习、工作和生活都在相当程度上对网络形成依赖，网络也对大学生的思想和心理成长过程产生长期的、连续的、潜移默化的影响。这种长期影响的累积效应是惊人的，对大学生思想成长产生的作用是深刻的、巨大的。大学生有激情，但缺乏阅历；有魄力，但往往欠深思。他们正处于世界观、人生观形成时期，面对纷繁世界如潮的信息，往往束手无策，而且容易将"公众舆论中真理和无穷错误直接混杂在一起"。随着大学生上网时间的增多，网络对他们思想的影响作用将有可能超过学校意识形态教育的作用。大数据时代，信息流量增加，很多大学生更热衷于转发一些小道消息和负面新闻，由此增大了信息传播空间。因此，必须高度重视互联网等媒体对意识形态传播的影响，主动出击，加快建立法律规范、行政监管、行业自律和技术保障相结合的管理体制，加强高校网络意识形态教育队伍建设，形成网上正面舆论的强势，增强马克思主义意识形态的吸引力和凝聚力。在网上发布中国政府和党的声音，向国外传播社会主义意识形态，展示我们社会主义建设的伟大成就，让世界了解中国和中国文化，让中国与中国文化走向世界。

第五章　大数据时代高校意识形态安全建设的对策

一、大数据时代高校意识形态安全建设的原则

（一）坚持马克思主义在意识形态领域指导地位的原则

马克思主义是无产阶级的科学世界观与方法论，也是我们立党立国的根本指导思想，是社会主义意识形态的旗帜和灵魂。马克思指出："统治阶级的思想在每一时代都是占统治地位的思想。这就是说，一个阶级是社会上占统治地位的物质力量，同时也是社会上占统治地位的精神力量。占统治地位的思想不过是占统治地位的物质关系在观念上的表现，不过是以思想的形式表现出来的统治地位的物质关系。"[①] 指导思想一元化正是这一人类社会发展规律的反映。在我国，要实现主流意识形态建设，必须坚持马克思主义在意识形态领域的指导地位，而不能搞意识形态多元化。当前，社会思想的多元化、文化的多元化是客观事实，但这丝毫不排斥意识形态领域的有序化，也不等于占主导地位的思想的多元化。相反，多样化的思想和多元化的文化必须以有序化为前

---

① 马克思、恩格斯：《马克思恩格斯选集》第1卷，人民出版社，1995，第98页。

提，杂乱无序的多样化和多元化不利于社会的和谐和稳定。而要实现意识形态领域的有序化，就必须坚持主流意识形态的一元化，否则，就会使社会运转陷于混乱或停滞不前，导致人心混乱，给党和国家带来灾难。习近平总书记强调指出："在集中精力进行经济建设的同时，一刻也不能放松和削弱意识形态工作"①。"只有物质文明建设和精神文明建设都搞好，国家物质力量和精神力量都增强，全国各族人民物质生活和精神生活都改善，中国特色社会主义事业才能顺利向前推进。"② 坚持和巩固马克思主义在我国意识形态领域的指导地位，是党和人民团结一致、始终沿着正确方向前进的根本思想保证。能否坚持和加强马克思主义在意识形态领域的指导地位，直接关系到社会主义事业的兴衰成败。这是建党 100 多年来和中华人民共和国成立 70 多年来，我们在社会主义建设中最为重要的经验。我们党在革命、建设和改革的过程中，在指导思想上始终遵循马克思主义，并在实践中不断丰富和发展，形成了中国化的马克思主义。实践证明，只有牢固坚持马克思主义的指导地位，坚持解放思想、实事求是和与时俱进，才能坚持发展中国特色社会主义的正确方向，保证党和人民万众一心地沿着中国特色社会主义道路阔步前进。

当前，在全球化和多元文化的冲击下，各种思想文化相互渗透、相互激荡。坚持和巩固马克思主义指导地位的任务十分艰巨。一方面，在"西强东弱"的条件下，在全球化浪潮全面冲击下，各种文化相互激荡、相互渗透。西方敌对势力企图通过对我国进行意识形态渗透，动摇马克思主义在我国意识形态领域的主导地位，以实现其对我国实施"西化"和"分化"的政治图谋。西方文化的强势传播，由经济强势带

---

① 习近平：《意识形态工作是党的一项极端重要的工作》，《人民日报》2013 年 8 月 21 日第 1 版。

② 习近平：《习近平谈治国理政》，外文出版社，2014，第 153 页。

来的文化吸引和价值认同，形成了人们对西方文化的盲目崇拜和对马克思主义的不以为然。① 因而，一些人开始对马克思主义理论产生了疑惑，"有的甚至公开鼓吹全盘西化，在政治上宣扬取消、削弱共产党的领导，主张西式的多党制和议会民主；在经济上宣扬私有化，主张取消公有制的主体地位和按劳分配为主的原则。有的主张指导思想的多元化，在价值观上主张极端个人主义；有的歪曲党和人民的奋斗历史，诋毁马克思主义、毛泽东思想、邓小平理论，煽动对党和政府的不满"②。另一方面，在世界后金融时代，社会环境发生了深刻的变化，社会经济成分、组织形式、分配方式、利益关系等日益多样化，人们的思想空前活跃，在思想意识上出现了程度不等的变化，价值观呈现多样化的趋势，这使意识形态建设受到的干扰因素迅速增加，统一人们思想认识的任务变得更加艰巨。尤其在多元文化价值观影响下，一些人对西方发达国家鼓吹的"非意识形态化"感到无比亲切，认识不到放弃马克思主义在我国意识形态领域主导地位会给国家发展和人民的根本利益带来的严重损害。因而，当前强调坚持和巩固马克思主义在我国意识形态领域的主导地位，具有重要的现实性和紧迫性。为此，我们必须学习好习近平新时代中国特色社会主义思想和党的二十大精神，时刻保持清醒的头脑，始终坚持和巩固马克思主义在我国意识形态领域的指导地位、习近平新时代中国特色社会主义思想指导。

西方敌对势力加紧对我国实施"西化""分化"的政治图谋，企图通过各种手段对我国进行思想渗透，动摇马克思主义在我国意识形态领域的指导地位，搞乱人们的思想，尤其是青年大学生的思想。"任意修改、随意曲解马克思主义的观点，把马克思主义搞得面目全非的有之。

---

① 马晨、雷琳：《当代我国马克思主义意识形态面临的挑战》，《社会科学》，2008 年第 1 期，第 77 页。
② 朱兆忠：《中国社会主义意识形态建设》，上海人民出版社，2003 年，第141 页。

漠视甚至公然挑战马克思主义的指导地位，是当前意识形态领域中需要十分重视的倾向性问题。"① 因此，当前强调坚持马克思主义在意识形态领域的指导地位，具有重要的现实性和紧迫性。我们必须保持清醒的头脑，警钟长鸣，始终坚持马克思主义在我国意识形态领域的指导地位。坚持马克思主义在我国意识形态领域的指导地位，必须用马克思主义武装全党，教育人民。马克思主义具有鲜明的科学性、阶级性和实践性，是无产阶级和广大人民群众认识世界和改造世界的强大思想武器。毛泽东在中华人民共和国成立后就明确提出了"以马克思列宁主义为指导的社会主义意识形态"②，指出："马克思这些老祖宗的书，必须读，他们的基本原理必须遵守，这是第一。但是，任何国家的共产党，任何国家的思想界，都要创造新的理论，写出新的著作，产生自己的理论家，来为当前的政治服务，单靠老祖宗是不行的。"③ 在改革开放不断深入、经济体制发生重大变化的情况下，邓小平多次告诫全党："我们搞改革开放，把工作重心放在经济建设上，没有丢马克思，没有丢列宁，也没有丢毛泽东。老祖宗不能丢啊！"④ 坚持马克思主义在意识形态领域的指导地位，必须坚持中国特色社会主义理论体系，大力加强社会主义核心价值体系建设。坚持中国特色社会主义理论体系就是真正坚持马克思主义。这一理论体系坚持和发展了马克思列宁主义，凝结了几代中国共产党人带领人民不懈探索实践的智慧和心血，具有鲜明的实践特色、民族特色和时代特色，是马克思主义中国化的最新成果，是党最宝贵的精神财富，是全国各族人民团结奋斗的共同思想基础。坚持马克

---

① 陈奎元：《繁荣发展中国特色的哲学社会科学》，《人民日报》2004 年 4 月 20 日第 9 版。
② 毛泽东：《毛泽东文集》第 7 卷，人民出版社，1999，第 215 页。
③ 毛泽东：《毛泽东文集》第 8 卷，人民出版社，1999，第 109 页。
④ 邓小平：《邓小平文选》第 3 卷，人民出版社，1994，第 369 页。

思主义在意识形态领域的指导地位，必须不断推进马克思主义大众化。马克思主义是博大精深的思想理论体系，要被人民理解、掌握和认同，必须用通俗易懂和人民群众喜闻乐见的形式和语言，使其深入人心。同时，要在解放思想中统一思想，在实践发展中创新马克思主义，坚持用发展着的马克思主义指导改革开放和现代化建设，用一元化的指导思想引领和整合多样化的思想意识，解决好广大人民群众普遍关心的热点和难点问题，不断巩固全党和全国人民团结奋斗的共同思想基础，为实现中华民族伟大复兴的中国梦提供强大的精神动力。

（二）坚持党对高校意识形态安全建设的领导原则

党的二十大报告指出，"牢牢掌握党对意识形态工作领导权，全面落实意识形态工作责任制，巩固壮大奋进新时代的主流思想舆论"[①]。党管意识形态，是坚持马克思主义在意识形态领域一元化指导地位的必然要求，是我们党在长期革命、建设和改革实践中形成的重要政治原则和政治制度，是坚持党的领导、巩固党的执政地位的重要保证，任何时候、任何地方在任何条件下都不能动摇。葛兰西指出："一个社会集团通过两条途径来表现它自己的至高无上的权力：作为'统治者'和作为'文化和道德的领导者'。"[②] 政治领导权和文化领导权是政党实现统治的两种基本手段，文化领导权就是意识形态的领导权，二者相辅相成。社会主义社会的性质，决定了我国意识形态必须坚持马克思主义的指导地位。否认指导思想的一元化，就必然消解主流意识形态，引起思

---

① 习近平：《高举中国特色社会主义伟大旗帜 为全面建设社会主义现代化国家而团结奋斗——在中国共产党第二十次全国代表大会上的报告》，人民出版社，2022，第43页。

② 李青宜：《"西方马克思主义"的当代资本主义理论》，重庆出版社，1990，第137页。

想上的混乱，最终导致政治和社会的不稳定。习近平总书记强调指出：经济建设是党的中心工作，意识形态工作是党的一项极端重要的工作。只有物质文明和精神文明建设都搞好，国家物质力量和精神力量都增强，全国各族人民物质生活和精神生活都改善，中国特色社会主义事业才能顺利向前推进。这一重要论述，进一步从巩固执政地位、维护国家稳定的高度，深刻阐明了意识形态安全工作在党和国家全局中的极端重要性。习近平总书记就加强新时代意识形态与信息安全建设的系列讲话，闪耀着辩证唯物主义和历史唯物主义的光芒，站在党和国家全局高度，运用战略思维和底线思维，深刻阐述了事关宣传思想工作长远发展的一系列重大理论问题和现实问题，指出了今后工作的方向目标、重点任务和基本遵循，是指导我国新时代意识形态工作的纲领性文件和历史性文献。总结我们党的发展历史和执政历程，联系世界上一些政党、政权垮台的教训，我们更加深刻地意识到，意识形态工作在巩固党的执政地位、维系国家政权中的突出作用。一个社会的稳定，一个政权的巩固，要靠坚强的政治领导，靠雄厚的经济基础，靠完备的制度和法治，同时，对人们思想的正确引导和对意识形态的有效管理也是一个极为重要的条件。社会主义意识形态的领导权，只有掌握在真正的马克思主义者手中，才能保持它本身的无产阶级和社会主义的性质。

大数据时代的来临，使高校意识形态安全建设环境发生了深刻的变化，意识形态安全建设工作面临的形势更加严峻复杂。国际上不确定、不稳定、不安全的因素明显增多。我国社会生活多样、多元、多变的特征日益凸显，各种思想观念相互交织、互相影响、相互激荡。大数据时代，如何有效驾驭意识形态领域的复杂局面，用马克思主义一元化的指导思想来引领多样化的社会思潮，最大限度地在全社会形成共识，增强马克思主义的控制力和导向力，是对我们党执政能力的一个重大考验，是巩固党的执政地位必须解决好的一项重大课题。高校要适应新形势新任务的要求，加强党对高校意识形态安全建设的领导，坚持从战略高度重视和抓好高校意识形态安全建设，建立健全高校意识形态安全工作体制机制，进一步提高党领导高校意识形态安全建设的能力，推动高校意识形态工作迈上新台阶。

1. 加强党对意识形态工作领导权的宏观建构

在党的执政环境发生深刻变化、社会价值观日趋多样的新时代背景下，面对我国社会主义意识形态建设的复杂性、艰巨性、紧迫性和长期性，必须坚持党对高校意识形态安全建设的领导原则，真正把党管意识形态的原则落到实处，使我们党牢牢掌握对高校意识形态的领导权，确保新时代大学生意识形态安全教育的正确方向。一是牢牢把握党在意识形态领域的领导权。始终牢牢掌握中国共产党对意识形态工作的驾驭能力，坚持把党管意识形态作为各级党组织的一项重要任务，在全党强化马克思主义在意识形态领域的指导地位，形成既符合马克思主义基本原理，又符合中国实践和时代特征的马克思主义理论成果，努力提高全党的马克思主义理论水平；加强对宣传教育和文化建设的引导、管理和控制，大力开展马克思主义信仰教育与社会主义核心价值体系教育，充分发挥广大党员模范践行的示范效应，把马克思主义意识形态的要求融入高校意识形态安全教育，为广大青年学子所感知、理解、接受和认同，并成为大学生的日常规范和行为自觉，从而最大限度地在全社会形成思想共识，并充分彰显马克思主义意识形态的主导地位。二是积极探索党引领意识形态工作的新途径。完善党管意识形态的制度体系，推进党管意识形态的制度化和法律化，坚持党管媒体的原则，持之以恒地推进马克思主义意识形态建设，始终掌握意识形态的话语权，切实深化党对意识形态领域的掌控能力；统筹兼顾指导思想一元化与社会意识多样化、党性原则与坚持以人民为中心的内在关系，加强对大学生心理的研究、分析，注重对民意尤其是网络民意的引导，增强社会大众尤其是大学生对马克思主义意识形态的认同度；切实转变马克思主义意识形态宣传的话语体系，创新马克思主义意识形态宣传的策略和艺术，占领互联网、手机、数字电视等新媒体意识形态宣传阵地，强化马克思主义意识形态宣传教育的生活化和隐性化，完善马克思主义意识形态社会化过程，有效地引导和协调多元化的社会意识形态，切实增强马克思主义意识形态的吸引力和凝聚力，使社会大众形成共同的理想信念、价值追求和行为准则。三是始终保持党的先进性，加强执政能力建设，增进民生福祉。党的先进性是一个党存在、发展的根基，保持党的先进性是关系到党生死存亡的重大问题。只有永葆先进的政党才能担负起意识形态建设的重任，实现长期执政。习近平总书记指出，"全党同志必须在思想上真正明确，党的执政地位和领导地位并不是自然而然就能保持下去的，不管党、不抓党就有可能出问题甚至出大问题，结果不只是党的事业不能成功，还有亡党亡国的危险。"① "如果不坚决纠正不良作风，任其发展下去，就会像一座无形的墙把我们党和人民群众隔开，我们党就会失去根基、失去血脉、失去力量。"② 为此，要把加强党的执政能力建设作为党的建设的根本任务，坚持马克思主义的政治立场和共产主义的理想信念，坚持共产党人的理想追求和品德追求，切实加强党的思想建设、组织建设、作风建设、队伍建设和制度建设，推进党的建设科学化，做到立党为公、执政为民，巩固党的执政基础和执政地位，充分彰显中国共产党在政治上的坚定性、组织上的纯洁性和理论上的先进性，保证党始终成为中华民族的先锋队，成为马克思主义意识形态的坚强引领者。

---

① 习近平：《在党的群众路线教育实践活动总结大会上的讲话》，《人民日报》2014 年10 月9 日第2 版。
② 习近平：《习近平总书记系列重要讲话读本》，人民出版社，2014，第166 页。

2. 推动高校党管意识形态领导机制的积极建构

高校意识形态安全工作是党的意识形态工作的重要组成部分，直接影响到新时代大学生的培养质量，关系到中国特色社会主义伟大事业和中华民族伟大复兴的发展历程。为此，高校要在大数据时代高校意识形态安全教育方面充分发挥主阵地作用，积极构建党管意识形态的领导体制，以马克思主义为指导，有效管理和整合高校舆论阵地，坚持正确的舆论导向，掌握舆论工作的主导权，旗帜鲜明地批判各种错误的思想意识和政治观点，引导校园舆论的健康发展。一是建立高校党委统一领导机制。高校党委要进一步增强责任感，强化政治意识和阵地意识，切实担负起政治责任和领导责任，高度重视大数据时代高校意识形态安全教育工作，把大学生意识形态安全教育作为高校党委的一项长期性任务摆在重要位置，充分发挥高校党委的领导核心作用，发挥高校基层党组织的战斗堡垒作用，建构起党委统一领导，有关部门组织协调，各方面分工协作的领导机制。高校要充分发挥党委统一领导机制在宏观规划、政策统筹、决策咨询等方面的重要作用，科学制定实施方案，为大数据时代高校意识形态安全教育在组织领导、队伍建设、资金投入、硬件建设等方面提供充分保障。二是构建高校党政齐抓共管的工作体系。高校党委要统筹部署，坚持党政齐抓共管，把大数据时代高校意识形态安全教育落实到学校各部门、各院系，渗透教学、科研和管理等各项具体工作。要建立起学校、院系负责，基层党组织落实的目标责任制和工作机制，领导干部定期听取工作情况汇报、定期深入基层调研制度，及时了解和分析新时代大学生意识形态安全建设的指导思想、工作原则、基本任务和实施策略与效果，着力解决高校意识形态安全建设过程中存在的突出问题，实现各方面共同推进大数据时代高校意识形态安全建设。同时，要将大数据时代高校意识形态安全建设作为各院系党建工作考核的重要内容，实行定期监督检查和考核评比制度，加强大数据时代高校意识形态安全建设的过程管理，确保大数据时代高校意识形态安全建设工作落到实处。三是高校要进一步加强大数据时代党对意识形态工作的掌控能力，积极开展舆论监督，重视对社会热点问题的引导，解决大学生最关注和最关心的问题。开辟专门网络阵地，强化先进文化在网络的传播，确保马克思主义在意识形态领域的指导地位，尤其要不断净化校园网络文化环境。坚持党对高校意识形态安全建设的领导，必须确保党对网络意识形态工作的话语权，加强对大学生网民的宣传教育和引导。高校要积极掌控网络意识形态话语主题设置权，巧妙地运用传播技巧，让主流媒体第一时间抢占话题设置的主动权，把主流意识形态转化为大学生关心的公共话题。高校要发挥好媒体平台的舆论整合功能，构建有利于主流意识形态传播的舆论环境，实现对网络意识形态话语权生成的枢纽环节的牢牢把握；要高度重视网络意识形态话语载体使用权，创新传播方式和传播手段，占领话语阵地，实现对网络意识形态话语权生成的根本环节的更好把握。高校必须立足于网络思维和网络传播的特点，充分利用网络和大数据的研究工具，把国家意志与个人意志更好地结合起来，创新发展和完善主流意识形态教育内容，使之更符合"四个全面"的时代发展，更具有理论的解释力和内容的吸引力。

（三）坚持高校意识形态安全建设"以人为本"原则

"以人为本"是以人民中的每个人为本，也就是以全体人民为本。"以人为本"，就要平等地对待和尊重每个人。坚持以人为本，就要以实现人的全面发展为目标，以促进每个人的全面发展为归宿，实现最广大人民群众的根本利益。以人为本是我党一切工作的出发点和落脚点，我们坚持马克思主义在意识形态领域的指导地位，坚持党管意识形态的原则，都是为了保证做到以人为本，促进每个人的全面发展。在我国意识形态建设中，人民始终处于核心地位。没有个人的全面发展，就没有社会的全面发展。恩格斯说："只有在共同体中，个人才能获得全面发展其才能的手段，也就是说，只有在共同体中才可能有个人自由。""要不是每一个人都得到解放，社会本身也不能得到解放"①。意识形态价值引导是一个从上至下，由执政党和政府来提倡的过程，又是一个人民群众共同参与，并不断完善、不断深化的过程。意识形态能否成为一种社会制度的价值支撑，发挥其对社会发展的价值规范与价值指导，最终取决于这种意识形态是否真正体现了社会制度的价值追求和价值目标。一旦意识形态背离了这种根本价值追求，偏离了社会发展的根本目标，它就无法获得社会成员自觉的价值认同和支持，也就不可能成为凝聚和激励社会成员前进的力量。大数据时代，高校意识形态安全建设有赖于大学生内在主体精神和能动性的激发，意识形态安全建设的实效性更体现为大学生自觉、自愿的思想和行为。高校意识形态安全建设归根到底是做人的工作。党的十九大报告强调指出，加强和改进思想政治工作，要注重人文关怀和心理疏导，用正确方式处理人际关系。这体现出意识形态建设工作以人为本的宗旨，是对做好思想政治工作的新要求。2019 年 4 月 30 日，习近平总书记在纪念五四运动 100 周年大会上发表重要讲话，习近平总书记指出，青年是整个社会力量中最积极、最有生气的力量，国家的希望在青年，民族的未来在青年。把青年一代培养成德智体美劳全面发展的社会主义建设者和接班人，是全党的共同政治责任。各级党委和政府、各级领导干部以及全社会都要充分信任青年，关注青年愿望、帮助青年发展、支持青年创业，做青年朋友的知心人、青年工作的热心人、青年群众的引路人。要主动走近青年、倾听青年、真

---

① 马克思、恩格斯：《马克思恩格斯选集》第 3 卷，人民出版社，1995，第 644 页。

情关心青年、关爱青年、悉心教育青年、引导青年，尊重青年天性，照顾青年特点，关注青年所思、所忧、所盼，积极为青年创造人人努力成才、人人皆可成才、人人尽展其才的发展条件，为青年取得的成就和成绩点赞、喝彩，让青年英雄成为驱动中华民族加速迈向伟大复兴的蓬勃力量。因此，在高校意识形态宣传教育中，要把以人为本作为最基本的理念，尊重青年大学生和教师个体合理的、多样性的价值追求，充分体现主流意识形态的人文关怀，注重激发高校师生主体的创造活力，虚心倾听高校师生的呼声，尊重他们的权利，反映师生的意愿，解决他们切实关心的重点、难点和热点问题，真正做到尊重人、理解人和帮助人。

大数据时代，加强高校意识形态安全建设工作，要注重人文关怀和心理疏导，把注重人文关怀和重视人的精神境界培育有机融入高校意识形态安全建设。高校意识形态安全建设只有凸显师生的根本利益和主体的能动性，才能充分调动师生建设和发展中国特色社会主义的积极性和主动性，才能提升他们对主流意识形态的认同。只有深入高校师生的生活实际和思想实际，多做得人心、暖人心、稳人心的工作，才能把高校意识形态建设工作落在实处。在意识形态教育中要引导大学生个人发展，体现以人为本，强化人们的相互包容意识，在相互合作、相互促进和相互激励中，形成思想碰撞、专业互补、知识增值，人才价值得以升华和放大。高校意识形态教育工作者要不断完善自身的培育模式和教育教学方法，改变传统的教育观和传授习惯，将大学生看作有生命的个体、有个性的主体，关注他们内在发展的需要，建立双方之间平等的、双向的教育方式，帮助大学生增强自我修养，实现人自主性的最大发展。马克思、恩格斯说："我们不是从人们所说的、所设想的、所想象的东西出发，也不是从口头说的、思考出来的、设想出来的、想象出来的人出发，去理解有血有肉的人。我们的出发点是从事实际活动的人。"① 事实证明，大数据时代的大众传媒已不再遵循单纯的信息传播和接受的运作模式，而是提倡尊重、满足人的各种合理需求，给人以自由、尊严、平等感，激发人的潜能。它的娱乐功能也恰恰赋予了每个人"生命"的意义，贯穿了"人文关怀"的思想。大数据时代，大众传媒的娱乐功能必须根植于人类精神的土壤，并以此为出发点和归宿。通过寓教于乐的方式加强意识形态安全建设，要采取"立、建、疏"相结合的综合治理方式。"立"就是要提高网络游戏产业和网络游戏管理的立法层次，建立健全法律，发挥法律的规范作用。"建"就是要开发和推广反映时代特点、弘扬民族精神，包含中国文化内涵和主流价值观的国产网络游戏产品。"疏"就是要加强宣传引导和行业自律，形成良好的网络文明环境，以此保护大学生网民的身心健康，促进高校意识形态安全建设。

（四）坚持主导性与多样性相统一的原则

马克思说过："在不同的占有形式上，在社会生存条件上，耸立着各种不同的、表现独特的情感、幻想、思想方式和人生观构成的整个上层建筑。"② 在当代中国的思想意识系统中，以马克思主义为指导的社会主义意识形态居于核心地位，起着主导作用。同时，意识形态的多样性也是我国思想领域存在的不容忽视的客观现实。意识形态的多样性，是指在意识形态建设过程中，在我国意识形态领域存在的多种非主导性的意识形态。这些非主导性的意识形态，包括古今中外的世俗思想文化、资产阶级意识形态、封建主义意识形态的残余以及各种宗教哲学思

---

① 马克思、恩格斯：《马克思恩格斯选集》第 1 卷，人民出版社，1995，第 73 页。
② 马克思、恩格斯：《马克思恩格斯选集》第 1 卷，人民出版社，1995，第 73 页。

想等。这些意识形态以各种方式和途径在社会中传播，影响人们的价值取向、道德观念和信仰信念，从而使我国的意识形态领域呈现出与主流意识形态存在不同程度差别的意识取向。

主导性与多样性并存是社会主义初级阶段我国意识形态领域的客观现实。社会的一元价值导向与个体的多元价值取向同时并存，是社会发展的一个普遍现象。一方面，不同的社会个体由于各自不同的经济、社会地位，往往从各自所处的利益关系中确定和选择自己的价值取向，带有感性的、自发的性质，通常表现为多元。另一方面，任何社会都有代表这个社会统治阶级利益的占主导地位的价值观。它是统治阶级为了调节各利益集团的关系、保持社会稳定而自觉倡导的一种社会价值目标。它对于各种非主导的价值观进行统摄和抑制，对于稳定社会起着精神支柱的重要作用，具有理性、自觉、全局的性质，往往是一元的。

在意识形态领域，主导性和多样性是辩证统一的。主导性源于多样性，又高于多样性。主导性指导和支配多样性，制约多样性的发展方向。多样性丰富主导性，服务主导性，推动主导性发挥作用。有了主导性，社会发展的方向和目标才不会偏离正轨。否则，多样性就会迷失正确方向，因无法把握中心内容和基本原则而陷于混乱。同时，主导性不能脱离多样性。脱离多样性或限制多样性的丰富和发展，主导性就会成为形式、教条而不起作用。因此，坚持以主导性与多样性辩证统一的原则，处理党的指导思想一元化与社会思潮多元化之间的矛盾，是意识形态建设必须遵循的规律。

发展中国特色社会主义伟大事业，必须坚持马克思主义意识形态的主导性，这是必须遵守的重要原则。意识形态的多样性并不意味着意识形态的多元化。坚持多样性是为了充实和丰富主导性，而不是否定和取消主导性。增强意识形态的包容性与灵活性，并不是不讲原则，更不是否定现有的意识形态，而是说执政的中国共产党应随着时代的变迁不断地发展意识形态，使其更好地发挥宣传和解释功能，让更多的社会阶级和集团在我党找到思想上的归属感和认同感，从而巩固党的执政地位。同样，坚持意识形态的主导性也不是搞单一的舆论一律，取消意识形态的多样性，而是要在坚持主导性的前提下，促使各种意识形态健康发展。"正确的东西总是在同错误的东西斗争的过程中发展起来的。真的、善的、美的东西总是在同假的、恶的、丑的东西相比较而存在，相斗争而发展的。"① 意识形态的发展表明，主流意识形态正是与非主流意识形态的比较与借鉴、批判与斗争中，充实和完善主流意识形态的时代内容。因此，我们应该在坚持主流意识形态主导地位的同时，认真贯彻"百花齐放、百家争鸣"的方针，辩证地对待多样性的意识形态思想，处理好主流意识形态的"攻与防"和先进文化的"破与立"等问题，加强正面引导。

二、大数据时代高校意识形态安全建设的机制

（一）建立高校意识形态安全建设监督管理机制

大数据时代高校意识形态安全建设是保证国家意识形态安全的重要构成，需要通过相关意识形态安全教育制度的建立、政策的制定和法律的完善，加强制度、政策、法律匹配的管理机制建设，确保大数据时代高校意识形态安全建设的成效和目标的实现。大数据时代，建立和完善高校意识形态安全建设监督管理机制，有利于弘扬正气，理顺情绪，化解矛盾，维护党和政府的良好形象，维护社会的稳定和促进社会的和谐发展。可以说，完善的体制机制和监督管理制度是推进大数据时代高校

---

① 毛泽东：《毛泽东著作选读》下册，人民出版社，1986，第785页。

意识形态安全建设，提升大学生对马克思主义意识形态认同度的关键和保障。当前，随着经济全球化的发展和改革开放的推进，我国经济结构和社会结构发生了巨大的变化，传统的意识形态监督管理办法难以发挥有效作用。因此，我们要适应新的情况，加大对高校意识形态安全监督管理机制的创新力度，及时完善高校意识形态安全监督管理机制，只有这样，对高校意识形态安全的管理才能真正做到"管住"和"放活"，发挥正能量作用。

大数据时代，高校意识形态安全监督与管理主要是通过建立现代科学管理体制和完善马克思主义意识形态规范来引导人们树立正确的马克思主义意识形态观念和坚持科学的行为方式。通过制定高校意识形态安全管理制度来规范大学生的言行，并通过加大监督管理力度，最终使大学生养成良好的思想政治素养和文明习惯。习近平总书记在 2013 年 8 月 19 日全国宣传思想工作会议讲话中指出，宣传思想部门承担着十分重要的职责，必须守土有责、守土负责、守土尽责……做好宣传思想工作，必须全党动手。各级党委要负起政治责任和领导责任，加强对宣传思想领域重大问题的分析研判和重大战略性任务的统筹指导，不断提高领导宣传思想工作能力和水平。要树立"大宣传"的工作理念，动员各条战线各个部门一起来做，把宣传思想工作同各个领域的行政管理、行业管理、社会管理更加紧密地结合起来。为此，首先高校意识形态安全管理部门要不断增强对意识形态领域的宏观控制力，不断完善高校意识形态安全工作的监督管理体制，要以马克思主义意识形态为引导，理顺和营造合力管理的格局。建立党政各部门和工会、共青团等人民团体齐抓共管、各负其责、密切配合的高校意识形态安全工作机制，规范高校意识形态安全领域的健康有序发展，为构建和谐校园提供思想保障。各级党组织应建立由党委统一领导、政府行政管理、师生自我约束的管理体制，构建以主管部门为主体，其他部门共同参与、相互配合的管理格局。宣传文化系统、教育管理机构、高校等部门要按照职责分工，分口把关，各负其责。各级各类管理部门要把倡导马克思主义意识形态作为分内工作，要对所辖范围内的意识形态安全工作切实负起监督管理职责，建立健全有效的激励约束机制，注重在日常监督和管理中体现价值导向，从而使符合马克思主义意识形态的行为得到鼓励，违背马克思主义意识形态的行为受到制约和惩罚。同时，要在各级各类党委的领导下成立专门的研究机构，加强对各种社会思潮和社会舆情的调查和理论研究，从而使各级党委能够及时掌握和分析高校意识形态安全领域形势，加强宏观调控。

高校意识形态安全建设既需要高校师生对我国主流意识形态的认同和尊崇，也需要外在的监督与管理，增强主流意识形态的约束力，为高校意识形态安全建设提供制度保障。高校要把社会主义意识形态的要求体现到政策制定和管理之中，把倡导主流意识形态作为分内工作，建立健全监督管理机制和有效的激励、约束机制，注重在日常管理中体现价值导向，使符合主流意识形态的行为得到表扬和鼓励，违背主流意识形态的行为受到批评和制约，用制度和机制来加强高校意识形态安全建设。

1. 加强大数据时代高校意识形态安全制度建设

意识形态安全舆论监督是道德外部制裁中最主要的方式。主要是通过舆论的力量，倡导、褒扬善举德行，谴责、批评不道德行为，从而使整个网络社会形成扬善惩恶、扶正祛邪的良好道德动力和压力，随时引导、激励人们做有道德的人。高校师生对意识形态规范的认同和选择，离不开外在的监督。意识形态监管要通过建立现代科学管理体制和完善意识形态规范来引导高校师生树立正确的意识形态观念和坚持科学的行为方式。高校意识形态安全教育只有和现代科学管理体制相融合，才能发挥其作用。通过制定行为规范和意识形态管理制度来规范师生言行，并通过加大管理约束力度，最终使人们养成良好的思想政治素养和文明习惯。

　　大数据时代高校意识形态安全制度的建立，能够使高校意识形态安全建设更加有序。一是体现在意识形态安全教育制度建构中。从某种角度而言，意识形态安全教育是社会生活的规范化表达，是人类社会的一种制度形式。意识形态安全教育制度是社会生活规范化的生存方式的再规范化。把意识形态通过社会制度体系体现出来，是马克思主义意识形态教育的现实要求和表现形式。为此，要加强大数据时代高校意识形态安全制度建设，理应把新时代大学生意识形态安全教育体现在高校意识形态安全教育制度建构中。国家在构建系统完备、科学规范、运行有效的马克思主义意识形态教育制度体系过程中，应把新时代大学生意识形态安全教育作为重要内容纳入，并且以制度的形式明确高校意识形态安全教育的目标、任务、原则、地位，从而使各级党组织、高等院校和社会相关机构对大数据时代高校意识形态安全教育的重要意义有更加明确的认识，从而在意识形态安全教育实践中树立正确的制度观念和意识，确保大数据时代高校意识形态安全教育的规范化和制度化。二是加强意识形态教育制度建设。要加强大数据时代高校意识形态安全建设的宏观设计，明确高校各级党政组织和意识形态教育者的工作职责和具体分工，形成大数据时代高校意识形态安全建设的制度框架与制度安排，尤其要加强具体制度的制定，建立大数据时代高校意识形态安全建设定期会议制度、阶段思想分析制度、队伍建设与管理制度等，定期商议大数据时代高校意识形态安全建设的有关问题，不断强化大数据时代高校意识形态安全建设队伍建设，切实增强大数据时代高校意识形态安全建设的针对性和实效性。要加强运行机制建设，厘清大数据时代高校意识形态安全建设各要素之间的有机联系和运作方式，制定科学合理的执行机制、监督机制、评价机制和奖惩机制，确保大数据时代高校意识形态安全建设的实效。

2. 强化大数据时代高校意识形态安全建设政策执行

政策实质上是一种解决问题的过程，是理论具体化转化为现实的桥梁，具有一定的操作性和实际指导价值。大数据时代高校意识形态安全建设政策作为大数据时代高校意识形态安全建设理论和实践的中介和桥梁，明确了开展大数据时代高校意识形态安全的指导思想、基本原则、主要任务和有效途径，起着重要的导向、规范、控制和协调的作用，是高校开展大数据时代意识形态安全建设的基本依据，是大数据时代高校意识形态安全建设的重要保障。政策执行是大数据时代高校意识形态安全建设政策系统运行的重要阶段，是将大数据时代高校意识形态安全建设政策目标转化为政策现实的唯一途径。大数据时代高校意识形态建设政策执行系统是由若干要素组成的有机整体，包括政策的执行主体、执行对象和执行方案等。总体而言，强化大数据时代高校意识形态安全建设的政策执行，增强政策执行力，就是要明确大数据时代高校意识形态安全建设的职责范围，把大数据时代高校意识形态安全建设的目标任务具体落实到各层次各领域的意识形态教育者身上，使各层次各领域的意识形态教育者都有明确的分工和职责，并在各自岗位上尽职尽责地开展工作。具体而言，高校要建立大数据时代高校意识形态安全建设的政策配套机制，坚持政策环境创设的继承性、长效性、突破性、前瞻性和权威性原则，综合考察政策体系自身的系统完备程度和可操作性，形成具体可行的大数据时代高校意识形态安全建设配套措施和配套文件。高校要对大数据时代高校意识形态安全建设目标进行细化分解，形成可行、可测的现实目标；要对大数据时代高校意识形态安全建设的政策进行内容转换，充分发挥意识形态教育者的主体作用，尊重新时代大学生的认知规律，把大数据时代高校意识形态安全建设的政策体系和有关政策规定的教育内容进行重新组织和完善，并转化为新时代大学生能接受的内容体系，真正把大数据时代高校意识形态安全建设的政策理论体系落实到高校具体的教育教学实践中。

传统的高校意识形态安全监督管理，主要是利用广播、电视等大众传播工具，宣扬正确的意识形态理念，抨击错误的思想言论。通过社会舆论，促使高校师生形成意识形态共识，唤起他们的社会参与责任感。大数据时代，虚拟社会提供给人们极大的自由度，需要我们尽快建立网络行为的监督管理机制。高校要对信息网络空间的道德失范现象进行规制，加强对校园网络文明的管理和建设。高校应当成立专门的管理机构，要有专门负责的部门。高校要高度重视意识形态安全建设的重要性，形成党委统一领导、党政齐抓共管、部门分工协作的领导体制，构建学生工作一体化、本研一体化、教育教学一体化的意识形态安全监督管理机制。学校党委要从总体上把握学生意识形态安全教育方向，制定学生意识形态安全教育工作方针、政策和目标，实行学生工作一体化；党委学生工作部门要统一规划本科生和研究生意识形态安全教育工作，协调学生工作部门，加强意识形态安全队伍建设，实行本研一体化；高校要将意识形态安全教育工作纳入学校教育的大环节，贯穿和渗透学校教学、科研、管理等各项工作，课内课外紧密衔接，实现教育教学一体化。在高校党委的统一领导下，从不同方面，发挥各自的优势和力量，规范校园网络秩序，净化校园网络环境，排除网络隐患，努力归还高校师生一个健康、有序、安全和有益的网络世界。高校在意识形态安全建设中，要充分利用各种现代化传播媒介，以道德规范为标准，积极表彰道德典型，努力弘扬善行的崇高价值，同时，对各种反马克思主义思想言论进行无情的抨击。

3. 推进大数据时代高校意识形态安全建设法制化

利用法律手段加强和保障国家主流意识形态是许多国家采取的有效方式。如通过法律制度规范全社会言论来约束和保障主流意识形态的传播和接受，对各种社会组织宣传主流意识形态的具体法规做出明确规定。美国政府明确规定，"凡是一切具有道德教育职能的组织或部门都与学校一样，负有道德教育的职能"①。《中华人民共和国宪法》第24条规定，"国家通过普及理想教育、道德教育、文化教育、纪律和法制教育，通过在城乡不同范围的群众中制定和执行各种守则、公约，加强社会主义精神文明建设。国家提倡爱祖国、爱人民、爱劳动、爱科学、爱社会主义的公德，在人民中进行爱国主义、集体主义和国际主义教育，进行辩证唯物主义和历史唯物主义的教育，反对资本主义的、封建主义的和其他腐朽思想"。推进大数据时代高校意识形态安全建设的法制化，首先，要体现在国家层面的立法工作中。任何社会要使其主流意识形态得到广泛认同并按其要求切实践行，都必须使国家的法律以及政府行政法规等很好地体现核心价值观的要求。因此，要在国家的立法工作中将意识形态安全保障问题进行界定，规范大数据时代意识形态安全保障中的各项问题，用法律法规的有效形式将公民意识形态安全建设的目标任务和内容明晰化、规范化，用法律手段有效保障国家意识形态安全，从而为大数据时代高校意识形态安全建设营造良好的法律环境。其次，要加强法律法规教育。针对大数据时代大学生的身心特点和教育教学规律，将有关意识形态安全建设的法律法规作为重要的教学内容，把

---

① 赵康太：《试论美国思想政治教育的社会化、具象化和实践化路径》，《思想理论教育导刊》2007 年第 4 期第 52 页。

大数据时代高校意识形态安全建设的内容融入社会管理和高校的内部管理，大力加强高校校园法制建设，让学法、知法、用法、守法、护法的观念深入大学生内心，形成用制度规范行为、按制度办事、靠制度管人的机制，使大数据时代高校意识形态安全建设不断走向科学化和规范化。总之，只有把大数据时代高校意识形态安全建设建立在法制化基础上，做到有法可依、有法必依、执法必严、违法必究，将自律与他律统一于大数据时代高校意识形态安全建设实践活动之中，才能有效提高大数据时代高校意识形态安全建设的严肃性和权威性。

大数据时代，维护网络信息安全，人人有责。作为大学生网民，要时刻提高警惕。对于网络中出现的任何可疑迹象或非法行为绝不能听之任之，要及时与高校意识形态安全管理机构和人员联系，将可能出现的破坏网络的网上攻击行为消灭在萌芽状态。如果每个大学生网民都能提高维护校园网络意识形态安全的意识，并对影响校园网络意识形态安全的各种因素严格防范，就会减少黑客利用他人计算机发起网络攻击的可能性，同时，有助于寻找和排除网络犯罪的线索，对高校意识形态安全建设起到一定的保护作用。

（二）健全高校意识形态安全建设舆论导向机制

马克思曾说过，每个社会的统治阶级意识形态支配着被统治阶级的思想的原因在于统治阶级掌握着精神产品的生产和宣传舆论工具。任何一个社会，如果舆论过于分散，将不利于社会的整合，甚至会导致社会崩溃。舆论宣传引导是意识形态建设的重要手段，是发挥马克思主义意识形态社会导向功能的重要载体和路径，是掌握马克思主义意识形态领导权的必然要求，是转变党的领导方式、巩固党的思想政治领导的需要。特别是大数据时代，随着现代信息社会的迅速发展，舆论宣传的作用越来越大，舆论导向的正确与否，关系到党和国家事业的兴衰，已经成为影响国家生活和社会稳定的重要因素。胡锦涛高度重视舆论宣传工作，他指出："能不能把宣传舆论工作抓在手上，关系人心向背，关系事业兴衰，关系党的执政地位。"① 2013 年 8 月 19 日，习近平总书记在全国宣传思想工作会议的讲话中强调，坚持团结稳定鼓劲、正面宣传为主，是宣传思想工作必须遵循的重要方针。我们正在进行具有许多新的历史特点的伟大斗争，面临的挑战和困难前所未有，必须坚持巩固壮大主流思想舆论，弘扬主旋律，传播正能量，激发全社会团结奋进的强大力量。关键是要提高质量和水平，把握好时、度、效，增强吸引力和感染力，让群众爱听爱看、产生共鸣，充分发挥正面宣传鼓舞人、激励人的作用。在事关大是大非和政治原则问题上，必须增强主动性、掌握主动权、打好主动仗，帮助干部群众划清是非界限、澄清模糊认识。讲好中国故事，传播好中国声音。2013 年 11 月 12 日，中国共产党第十八届中央委员会第三次会议通过的《中共中央关于深化改革若干重大问题的决定》突出强调提出"健全坚持正确舆论导向的体制机制"，构建"新机制"和"工作格局"。

我党的历史经验证明，舆论工作是党和国家的前途和命运所系的工作。舆论导向正确与否，对于巩固党的领导，巩固社会主义制度，以及人民的团结和国家富强，具有重要的意义。舆论导向正确，是党和人民之福；舆论导向错误，是党和人民之祸。大数据时代，在互联网上坚持正确的舆论导向，既是马克思主义意识形态建设的需要，也是整合社会，实现人民团结、国家稳定的迫切要求。我党坚持习近平新时代中国特色社会主义思想的指导，旗帜鲜明地批判非主流意识形态中的不合理

---

① 中共中央文献研究室：《十六大以来重要文献选编》，中央文献出版社，2005，第535 页。

因素和错误观点，正确引导社会舆论，努力营造以和谐为基调的舆论环境和氛围。舆论是影响公众心理、群众情绪和社会行为的重要因素。舆论引导正确，能够激发广大人民群众的积极性和创造性，能够理顺情绪、化解矛盾、增进社会共识，维护社会的公平与正义；舆论导向错误，必然会扰乱人们的思想，误导人们的行为，激化社会矛盾。目前，我国正处于改革发展的关键时期，经济与社会发展之间不协调的问题突出，影响社会稳定的深层次矛盾依然存在，大学生思想活动的独立性、选择性和差异性日益增强，影响大学生思想观念的因素复杂多样。这就需要以习近平新时代中国特色社会主义思想为指导，加强高校意识形态安全的舆论宣传引导，用正确的思想理论、行动纲领和价值观念引导、激励和动员大学生投身于社会主义现代化建设的伟大事业，努力把体现党的主张和反映人民心声统一起来，促进不同观点的人沿着正确的方向统一思想，形成共识。

把握正确的宣传舆论导向、科学引导高校主流思想舆论是高校意识形态安全建设的基础和灵魂。习近平总书记指出："随着 5G、大数据、云计算、物联网、人工智能等技术不断发展，移动媒体将进入快速发展新阶段。要坚持移动优先策略，建设好自己的移动传播平台，管好用好商业化、社会化的互联网平台，让主流媒体借助移动传播，牢牢占据舆论引导、思想引领、文化传承、服务人民的传播制高点。"[1] "宣传思想部门承担着十分重要的职责，必须守土有责、守土负责、守土尽责。"[2]宣传思想工作有利于引领整合社会思想意识，有利于巩固高校师生共同的思想基础。为壮大高校主流思想舆论，党的十八大以来，我国高校不断完善宣传工作体系，积极打造健康向上的思想阵地。高校在切实加强

---

[1]　习近平：《加快推动媒体融合发展　构建全媒体传播格局》，《求是》2019年第6期。

[2]　习近平：《在全国宣传思想工作会议上的讲话》，《人民日报》2013年8月19日。

对校园文化和社会实践的思想引导外，还不断推进校报校刊、广播电视等传统媒介与微信、微博等新媒体的融合。

塑造典型和舆论批评是高校意识形态安全建设舆论导向的重要方式。现代心理学证明，人们的行为普遍会受到模仿这种心理机制的作用。好的典型是学习的范例，对广大青年学生具有强大的鼓舞和激励作用。高校应依据理性的价值目标和标准，注重发挥主流媒体对先进典型的宣传推广，对大学生的言行进行评价。对符合我国主流意识形态导向的行为和现象予以赞扬，对那些违背主流意识形态导向的思想和行为，应毫不留情地予以批评和谴责，提高他们的"失范成本"，真正发挥高校意识形态安全建设舆论导向的作用。

广播、电视、报刊等是社会舆论的重要载体，具有主导舆论、创造舆论环境的特点。宣传者的价值导向通过这些大众传播媒介对传播信息的选择和解释鲜明地体现出来。如果主流意识形态的宣传与大众传播媒介的传播强度和广度相结合，就能形成强大的社会舆论环境，促使人们去认同和接受主流意识形态。在传统的舆论传播中，把舆论控制在可以接受的范围是传播者孜孜不倦追求的目标。然而，大数据时代，网络等新兴媒体的出现，对高校意识形态安全舆论引导工作提出了新的挑战。"Internet 是一个没有守门的论坛。任何人只要拥有一台计算机和网络账号都可以成为出版商。在网络上，你可以接触到成千上万的潜在读者而无须花费多大成本；并且，你不需要说服编辑、出版商或制片人，你的思想值得暴露在光天化日之下。"[1] "那种被称为大媒介和微小个人的日子似乎正接近于终结。媒介终于不再是那么无法参与和深奥莫测的了。"[2] 由于网络媒介的开放性、交互性和匿名性，网络舆论控制难度

---

① 胡泳、范海燕：《网络为王》，海南出版社，1997，第228页。

② 威尔伯·施拉姆：《传播学概论》，陈亮等译，新华出版社，1984，第307页。

加大。网络信息和舆论的传播，其随意性相对于传统媒体要大得多。网络国家舆论和阶级舆论的载体，即大量官方网站，并不提供敏感的舆论。而民间的自由网站又使人们不能确切判断其舆论和新闻的真实性。这些都严重影响了网络媒介舆论监督效应的发挥。网络舆论多为潜舆论形态，即情绪性舆论形态。情绪性舆论是公共意见倾向的征兆，但缺少理性的社会情绪，容易产生非理性的社会心理。对于产生的负面舆论，既不能像传统媒体那样利用信息处理的时间差实施调控，也不能有效地由"把关人"去精确地消除"杂音"。大量即时高传播的负面舆论在生成和流通阶段都很难有效控制。因此，高校要适应大数据时代社会信息化进程的要求，大力加强高校意识形态安全网站建设，充分发挥其舆论引导的作用，把网络宣传做强做大、做深做活，通过建设媒体网站来引导网上舆论，唱响社会主义意识形态的主旋律，形成良好的传播环境，使社会主义意识形态有影、有声、有字、有形，并使之成为宣传科学理论、传播先进文化、塑造美好心灵和弘扬社会正气的崭新领域。学校和政府要从资金、技术和人才等方面对网站给予倾斜，打造马克思主义理论宣传的主阵地。

（三）建立高校意识形态安全建设预警机制

预警机制即预先发布警告的制度。意识形态安全预警机制是通过国家法律和行政管理手段，对可能威胁意识形态安全的因素进行鉴定和识别，从而及时准确地做出预先性和提示性的反应。我国已经在其他一些行业建立了预警机制，但我国的文化安全预警机制还没有形成。大数据时代，信息安全是高技术的对抗。信息安全产业构成了国家意识形态安全保障体系的物质基础和技术支撑。加强信息技术研究，推进信息安全产业发展是决定我国意识形态安全保障的核心要素。有了关键技术，才可能有意识形态安全。要从根本上把握意识形态安全保障的主动权，必须拥有自主知识产权的信息安全关键技术。我国目前在信息技术研究开发中虽然取得了显著成绩，但我国在文化方面的法律比较欠缺，政府监管力度不够，资金投入不足，没有一支过硬的专业机构对意识形态传播中潜伏的危机进行收集、整理，并发布预警信息。尤其是我国拥有自主知识产权的技术产品太少，尤其是核心技术。国家信息网络中的文化安全技术专有平台尚未建立。因此，在我国建立、启动和完善意识形态安全预警机制势在必行。为此，必须加强信息技术创新能力的培养，建立意识形态安全建设预警机制，加大创新研发的资金投入。作为信息产业技术基础相对薄弱的国家，技术引进是促进我国信息产业技术发展的一条重要途径。但引进技术只是一种手段，我们必须从根本上实现提高我国信息产业技术自主创新水平的目的，进行充分的消化吸收和在此基础上的二次开发，改变我国对引进技术二次开发重视不够、力度不强的被动局面，逐渐摆脱对国外技术的依赖。

任何一种文化安全危机的爆发，都经历一个孕育、发展和扩大的过程。意识形态安全预警机制就是要对这种危机进行监测、整理和分析，快速、及时地发布预警信息，向企业、政府和高校提供准确的情况分析。有了充足的预警时间，就可以用更好的手段和方式规避风险。同时，在国家牢牢掌握意识形态领导权的前提下，有选择地、有步骤地引进国外的先进文化，并积极输出本国优秀文化。这就要求国家要组织专门机构和人员对意识形态安全预警系统进行建设和管理，把意识形态安全纳入法制化轨道，形成完善的意识形态安全体系。预警机制即预警信息系统。大力建设意识形态安全预警系统是预警机制的一个基础，意识形态安全预警系统就是将预警的理论和方法等应用到意识形态领域。意识形态安全预警系统的运行过程主要包括明确警情、寻找警源、分析警兆和预报警度四个阶段。而构建国家意识形态安全警情指标是最为关键的。为了准确地度量国家意识形态安全受到侵害的程度，需要从意识形态安全的某个方面的不同角度选取警情作为指标。这些指标不是静止的，而是动态发展的。意识形态安全警情指标体系既要符合我国的基本国情，还要与世界接轨；既要反映我国传统文化中的优秀文化成果，又要吸收外来文化中先进的一面。如果原有的意识形态安全警情指示不再适应我国意识形态安全的发展需求，则需要重新选取新的指标，以便更加准确地反映形势的变化。

在意识形态安全预警系统建设和运行的过程中，特别要注重对核心技术的创新。现在许多高科技的核心技术都被西方国家垄断，我国作为发展中国家则处于非常不利的地位。特别在大数据时代，网络信息技术高速发展。信息传播具有高效性、广泛性、即时性和强渗透性的特点。如果没有意识形态安全预警系统，当虚假有害信息泛滥、大量传播之时，我们将会为处理这些问题付出巨大的代价。因此，在建立意识形态安全预警机制的同时，要建立国家意识形态安全的计算机专有平台与之配套，加强国家门户网站建设，加大对核心技术的研发。也只有这样，才能保证高校意识形态安全预警机制的建立和预警系统的正常运行。

1. 动态跟踪研判大数据时代高校意识形态安全的现实状况

进行科学的思想跟踪和正确的情况研判，必须深入实际，进行调查研究，才能有效掌握人们思想活动发展的规律和趋势走向。大数据时代，传统的意识形态安全教育方法已不能应对新时代大学生的思想发展状况，必须及时对大数据时代高校意识形态安全建设状况进行动态跟踪和综合研判，才能准确掌握大学生的思想动态，并根据综合研判的结果形成切实有效的举措。因此，要建立大学生思想"信息库"，及时掌握和记录大学生的思想和行为特征，定时对大学生意识形态安全的现实状况进行动态跟踪研判，对影响高校意识形态安全的重大问题，运用实地考察法、问卷调查法、个体访谈法、专家会议法等进行深入调查了解，以便掌握资料，并及时反馈、实施监督和支持决策，尤其要加强高校意识形态安全的网络跟踪研判，对网上构成的意识形态安全威胁的各种情况有清醒、准确、科学的把握，强化网络舆情监测，建立透明、公开、可信的信息发布和舆情披露机制，发挥正面宣传对舆论发展的导向能力，引导大学生理性地思考和分析问题，并及时采取有效的应对措施，消除潜在的威胁和风险。

2. 开展大数据时代高校意识形态安全建设成效的定期评估

评估是大数据时代高校意识形态安全建设过程中必不可少的重要环节，是高校意识形态安全建设实现科学管理和正确决策的需要，是实现意识形态安全建设目标、任务及效果最大化的保证。大数据时代高校意识形态安全建设评估是根据一定的指标体系以及大学生的实际，通过科学的反馈，对高校意识形态安全的过程和效果进行实事求是的分析，做出定性和定量评价。开展大数据时代高校意识形态安全建设评估可分为阶段性评估和总结性评估。评估范围主要包括意识形态教育工作者、大学生、高校相关教育教学部门；评估内容主要包括大数据时代高校意识形态安全建设过程是否达标，意识形态安全建设的目标、任务、内容和方法是否得当，意识形态教育工作者和大学生之间的互动关系是否正常，高校意识形态安全建设效果是否达到。据此，高校党委要建立健全大数据时代高校意识形态安全建设评估制度，确立科学的评估标准，坚持评估的方向性、客观性和全面性原则，对大数据时代高校意识形态安全建设进行综合考量，运用科学方法对大数据时代高校意识形态安全建设的实际效果进行价值判断，通过意识形态安全建设效果的反馈系统，对存在的问题及时纠正与调控，进而针对性地改进大数据时代高校意识形态安全建设的方式方法，确保大数据时代高校意识形态安全建设目标的全面实现。

3. 建立大数据时代高校意识形态安全建设风险预警系统

系统是由相互联系和作用的要素组成的具有一定结构和功能的有机整体。从国家意识形态安全层面而言，需要建立国家、各级党政部门、公众社团构成的国家意识形态安全风险防控预警系统，充分发挥国家意识形态安全风险预警系统在维护国家意识形态安全方面的重要职能，同步加强大数据时代高校意识形态安全的科学监测与防范。就高校而言，需要建立大数据时代高校意识形态安全建设风险预警系统，使之成为高校全面把握大学生的思想和行为，预防和化解突发事件的强有力的支撑和保障。一是建立完善预警信息收集机制。充分依托高校意识形态工作者、学生干部、大学生信息员、学校网络管理人员等方面的信息渠道，建立起多层次、多渠道预警信息网络，多方面收集和掌握来自国家有关机构和社会各方面的信息，确保信息渠道的绝对畅通，及时了解和掌握大学生的思想行为和心理状况，监控和预测各种不良情况，避免信息不畅导致突发事件的发生或矛盾升级。二是建立预警决策和反馈系统。高校要成立大数据时代高校意识形态安全危机管理小组，建立起科学的决策机制和灵敏的信息反馈系统，善于把大数据技术、人工智能技术等应用于高校意识形态安全的决策领域，全面把握大学生思想行为的规律性，对收集到的高校意识形态安全方面的预警信息进行科学的判断和决策，提出预警的具体措施，并针对决策执行后的信息反馈不断调整决策执行过程，确保预警决策的科学性和决策执行过程中的针对性。三是建立预警问题解决机制。风险的爆发往往是突然的，但它的发生和发展有一个过程。大学生群体如果在意识形态领域一旦出现危险后果，带来的损失是不可避免的，带来的危害甚至是不可估量的。要建立大数据时代高校意识形态安全建设预警问题的解决机制，根据危机管理预案，针对可能发生的突发状况，提前建立分工明确、权责分明和部门之间协调运作的应急预警控制机制，按照及时准备、现场处理、事后处理和预防跟进等工作步骤，把握好信息检测、分析、判断和预测等关键环节，快速进行甄别，深度研判分析，及时处置化解，科学应对和化解大数据时代高校意识形态安全领域发生的突发事件，切实消除可能带来的负面影响，防患于未然，把发现的问题消灭在萌芽状态。

三、大数据时代高校意识形态安全建设的途径和方法

（一）加强网上马克思主义理论阵地建设

意识形态领域历来是敌对势力同我们激烈争夺的重要阵地。大数据时代的来临，使我们党的执政环境发生了深刻变化，意识形态工作面临更加复杂的形势。国际上不确定、不稳定和不安全的因素明显增多。我国社会生活多样、多元、多变的特征日益凸显，各种思想观念相互交织、相互激荡。当前，互联网已成为世界共同的文化产品。由于互联网技术和网络传播的西方文化渊源，传播和接受的不对称使网上交流失去了平等性和交互性。因此，大数据时代，我们要积极利用网络优势，创建网上马克思主义阵地，建立起具有中国特色的网络宣传体系，通过网站发出中国的声音，向国外网络用户传播社会主义意识形态，展示中国改革开放和现代化建设取得的巨大成就，让世界了解中国及中国文化。

大数据时代，如何有效驾驭意识形态领域的复杂局面，用马克思主义的指导思想引领多样化的社会思潮，增强马克思主义的吸引力和控制力，是对我们党执政能力的重要考验，也是巩固党的执政地位必须解决好的重大课题。大数据时代，互联网越来越成为社会成员获取信息的渠

道，成为意识形态传播的主阵地。马克思主义与其他各种意识形态一起，在网上争夺着同样的受众，二者之间是一个此消彼长的关系。如果马克思主义的阵地狭小，声音微弱，大学生在网上会很难接收到马克思主义的信息，很难听到它的声音，这样就谈不上以马克思主义来引导、整合网上多样化的意识形态。为此，必须加强网上马克思主义理论阵地建设，构建具有中国特色的网上宣传体系。可以说，加强高校网上马克思主义理论阵地建设是大数据时代高校意识形态安全建设的一项前提性和基础性工作。

首先，要建立马克思主义理论数据库，加快马克思主义优秀理论成果的数字化进程。加强高校网上马克思主义理论阵地建设，高校党委首先要从讲政治、重导向的高度重视马克思主义网上阵地建设，切实担当起责任，采取有效措施，统一规划、加强管理。利用这个阵地，帮助大学生提高思想敏锐性，增强自觉抵制各种错误思潮和意识形态渗透的免疫力，提高正确处理各种复杂社会问题的综合能力。加强网上理论阵地信息源建设，开发利用包括马克思主义理论资源在内的信息资源，建立马克思主义理论数据库。"一切思想文化阵地，都应该成为我们宣传科学理论、传播先进文化、塑造美好心灵的阵地。"① 习近平总书记在2013 年 8 月 19 日全国宣传思想工作会议上指出，"意识形态工作是党的一项极端重要的工作"，"要巩固马克思主义在意识形态领域的指导地位，巩固全党全国人民团结奋斗的共同思想基础"②。这次会议对于做好新形势下意识形态工作具有重大的理论和现实意义。因此，高校要灵活运用各种形式建立网上理论阵地，建构多层次的意识形态平台，全方位地扩大社会主义意识形态在网上的正面宣传和影响力，丰富信息，

---

① 江泽民：《在中央思想政治工作会议上的讲话》，《人民日报》2000 年 6 月 29 日。
② 习近平：《胸怀大局把握大势着眼大事，努力把宣传思想工作做得更好》，《人民日报》2013 年 8 月 21 日第 1 版。

增加功能，办好高校自己的网站，建设一批有重大影响力的名牌高校网站，提高网上意识形态斗争的攻防能力，吸引大学生网民访问我们的网站，帮助他们牢固树立共产主义的理想信念，自觉抵制腐朽、消极、落后和反动的思想文化的侵蚀，形成先进的马克思主义思想文化意识。

大数据时代，谁掌握了先进的网络资源和技术，谁能进行科学有效的网络传播，谁就有可能占据网络优势，就会拥有更多的意识形态话语权。大数据时代高校意识形态安全建设要占领网络新媒体阵地，需要立足国家层面维护马克思主义的主导地位，增强马克思主义意识形态在网络新媒体中的控制力、导向力、说服力和感染力，从而引领大学生对马克思主义意识形态的接受和认同。事实上，大数据时代，在信息极大丰富的新媒体环境里，无论多好的思想和理论，如果没有科学有效的传播方式，都会湮没在海量的网络信息的汪洋之中。为此，要加快马克思主义优秀理论成果的数字化建设。要制订全面系统的国家互联网发展计划，加快发展大数据时代网络新媒体技术，推进传统媒体和新媒体在内容、渠道、技术和产业上的融合，建立一批具有鲜明特点的马克思主义网络新媒体系统，开辟网络新媒体平台专栏，强化网络新媒体信息更新，优化网络新媒体技术设计，研发马克思主义理论教育新媒体软件，加快马克思主义优秀理论成果数字化进程，唱响网络新媒体主旋律，确保马克思主义意识形态在大数据时代新媒体中的强势地位，为大学生接受和认同马克思主义意识形态提供数字化载体，强化马克思主义意识形态的有效传播。

我们党和政府从 20 世纪 90 年代中期开始，不断加快网络建设的步伐，大力开发网络信息资源，构建网上马克思主义意识形态理论的传播阵地，建立了一批专门的主流意识形态网站，或在校园网站、主页以及 BBS 聊天室和其他栏目里，渗透或开辟马克思主义理论研究或主题讨论社区，加强正面宣传与积极引导。通过宣传党的路线、方针、政策和改革开放取得的成就，帮助大学生树立共产主义远大理想。目前，我国高校中部分网站已经产生了一定的影响力，如清华大学的"红色网站""思想政治工作窗""中国大学生""交大焦点网"等，这些网站在宣传党的指导思想，加强大学生意识形态教育方面发挥了重要作用。但现有许多高校的马克思主义理论网站除了在数量和规模上比较小以外，在传播效果上也存在一定的问题。部分高校网站更新频率低，完全失去了网络传媒及时快捷传播的作用。网络理论传播的教育功能、引导功能和传播功能等远未发挥，网络理论宣传的权威性、针对性和感召力还不够。为此，必须加强高校网上马克思主义理论阵地建设，在适当增加马克思主义理论网站建设投入的前提下，全力推进"马克思主义理论教育上网工程"，把马克思主义经典著作、党的基本路线方针政策、党和国家领导人重要讲话等文献资料传输上网，形成网上强有力的主流意识形态。高校可以将优秀的影视、文学和书画等作品上网，使大学生在欣赏浏览中愉快地接受主流意识形态的熏陶；可以根据现实需要，设置一些热点难点问题的专题性网页，为师生提供一个发表看法、探索问题的平台；可开设"网上心理咨询室"等，对大学生的思想问题答疑解惑，发挥网上思想政治工作的作用；可以定期发布党建理论研究成果和世界政党动态，引导高校师生关注理论热点，掌握最新研究成果，指导具体工作实践；可开设"热点问题论坛"等，引导大学生采用"留言板""网上聊天"等方式发表意见，统一思想。

其次，增强大数据时代网络新媒体马克思主义阵地的吸引力。大数据时代，要在网络新媒体空间中依托理论的深刻性和逻辑性来宣传和传播马克思主义意识形态，应对各种学说的影响，既不放弃对反马克思主义的网络思潮的批判，又要重视对非马克思主义思潮的引导，加强马克思主义意识形态在网络新媒体上的创新，注重马克思主义意识形态面向新媒体用户的话语表达方式设计，以维护马克思主义意识形态在大数据时代网络新媒体中的文化主导性。同时，在网络新媒体空间中，要以马克思主义意识形态理论的科学性为基础，建构起一种文化关怀的视角，使以人为本等理想价值，通过网络媒体传播成为整个社会的共识，从而使马克思主义意识形态获得支撑动力，扩大马克思主义意识形态的发展空间。

再次，发挥媒体的教育引导作用。大数据时代高校意识形态安全建设要拓展新媒体教育渠道，让马克思主义意识形态在进课堂、进教材的基础上"进新媒体"，实现新媒体与大学生的有效互动，形成积极向上的新媒体导向。要加强网络新媒体阵地建设，充分利用网络新媒体拓宽马克思主义意识形态理论内容的传播渠道，丰富传播手段，构建传输快捷、覆盖广泛的传播体系，合理开发多层次的教育内容，不断增强理论内容的指导性和服务性，满足大学生多样化和多层面的精神文化需求，回答大学生关心的各种热点、焦点和疑点问题，切实发挥网络新媒体的教育功能，增强马克思主义意识形态对大学生的吸引力。

最后，优化大数据时代新媒体的话语体系表达。大数据时代新媒体超时空、双向互动的传播特性，对传统意识形态教育"说者"与"听者"的话语关系产生了冲击，对传统意识形态教育的话语内容、话语输出方式提出严峻挑战。为此，必须实现意识形态教育的话语体系转换。大数据时代新媒体的话语体系与日常生活的话语体系和表达方式存在很大区别，呈现出碎片化、简单化、口语化、娱乐化和游戏化特点。新媒体上大量流行的网络语言，影响甚至颠覆着传统的政治语言和社会语言。尤其是现实语言与新媒体技术互动而生成的谐音双关类网络新媒体语言、省略形式的网络新媒体语言、借代比喻类网络新媒体语言、象形符号网络语言等，已经成为大学生在新媒体上交流的重要表达方式。在这样的新媒体语境下，开展高校意识形态安全建设必须优化话语体系的表达，要紧扣现实性、时代性和开放性，善于运用新媒体语言和新媒体形式向大学生传播马克思主义意识形态，让抽象的意识形态安全建设理论变得形象化、生动化、大众化和通俗化，使马克思主义意识形态潜移默化地融入大学生的网络生活，隐性内化为大学生的思维方式、价值观念和行为准则。

（二）强化思想政治理论课主渠道作用

思想政治理论课是高校开展意识形态安全教育的主渠道。思想政治理论课是执政党的指导思想和执政理念在高校得以广泛传播和贯彻的重要载体，着眼于大学生思想政治素质的提升，是系统地、有计划地对大学生进行马克思主义信仰教育的主渠道。首先，要增强思想政治理论课的学术性。高校思想政治理论课是一门集意识形态性和学术性于一体的学科。意识形态性是思想政治理论课的灵魂，学术理论是其载体。没有学术理论支撑，思想政治理论课的意识形态性就成为无本之木、无源之水。要彰显思想政治理论课的意识形态性，强化思想政治理论课在高校意识形态安全中的主渠道作用，必须以学术理论为支撑，把思想政治理论课建设成为具有科学性、理论性、实践性和时代性的学科，才能增强思想政治理论课教学的实效性和说服力。加强思想政治理论课的学术性建设，必须深化课程建设综合改革，抓好教学、编好教材、建好队伍，突出学术深度，强化学术内涵，坚持以马克思主义理论学科建设为依托，以马克思主义及其中国化成果为思想政治理论课的思想指南、理论根基和方法指导，运用马克思主义的世界观和方法论解答思想政治理论课教学中面临的理论和现实问题，强化思想政治理论课教学内容的时代感和发展性，加强思想政治理论课的学科建设和课程体系建设，搭建思想政治理论课的学术研究平台，坚持从学术的视角强化思想政治理论课的理论魅力，增强思想政治理论课的吸引力、凝聚力和感染力，强化思想政治理论课对马克思主义意识形态的传播力，引导大学生把追求马克思主义意识形态作为内在心理需求和自发的行动，并在社会生活中自觉接受和主动践行。

其次，要加强思想政治理论课的现实性。大数据时代高校意识形态安全面临新的问题和挑战。了解和掌握大学生的思想实际和行为特点，把握其思想脉搏，尊重其个性要求，是大数据时代高校意识形态安全建设面临和迫切需要解决的重要问题。如果不了解大学生的思想状况和个性特点，意识形态安全建设就不可能取得好的实效。为此，思想政治理论课要充分把握大学生的现实状况，全面了解大学生的思想状况和行为特点，充分了解大学生在意识形态安全建设中的思想动态和真实想法，并在思想政治理论课教学中结合主客观情况的发展变化，针对性调整教学内容、形式、方法和载体，在教育教学各个环节掌握主动权、强化话语权，把思想政治理论课建设成大学生真心喜爱、终身受用的课程，提高思想政治理论课在高校意识形态安全建设中的实效性。

思想政治理论课不是一般的专业理论课，其讲课重点要注重情感、情趣和情景的有机结合，运用马克思主义基本原理分析、现场参观、座谈研讨等形式，从大学生的思想实际入手，将思想和理论结合起来，把思想问题上升到理论高度，从理论的视角回答大学生在意识形态领域关注的热点、焦点问题，帮助大学生厘清意识形态领域各种错误的思想和观念，激发大学生认同马克思主义意识形态的情感共鸣，为大学生投身马克思主义意识形态实践提供科学的思想武器和行动指南。在教学实践中，思想政治理论课教师要勇于面对现实问题，坚持理论与实践和现实的互动，以马克思主义的理论勇气和政治意识，对马克思主义的真理性认识毫不含糊，敢于陈述反映社会生活的正面事实，勇于剖析产生负面影响的社会现象，善于运用马克思主义的理论观点和形形色色的非马克思主义观点展开对话，敢于回答大学生关注的西方政党制度、西方民主等意识形态领域的重大问题，引导大学生对马克思主义意识形态的科学认知，培养情感认同，加强信念引导，注重行为强化，让他们从内心理解和认同马克思主义意识形态。

再次，加强思想政治理论课教师队伍建设。高校思想政治理论课教师在高校意识形态安全建设中承担着传播马克思主义意识形态的光荣使命。高校思想政治理论课教师作为马克思主义理论的传播者、党的理论和政策的传播者，只有具备高度的思想觉悟、政治素质和理论素养，才能有效影响和增强大学生对马克思主义意识形态的认同感。为此，高校思想政治理论课教师要不断提高马克思主义理论素养，强化思想政治素质和育人能力，使自己具有扎实的政治理论功底、高超的教学艺术和敏锐的现实洞察力，努力做坚定的马克思主义者和教书育人的表率，把马克思主义理论讲准确、讲透彻、讲明白，使马克思主义意识形态润物细无声地浸润学生的心田，转化为日常行为，增强学生的价值判断能力、价值选择能力、价值塑造能力。高校思想政治理论课教师自身的思想观念、道德觉悟、价值取向和人格魅力对大学生具有直接或间接的影响作用，是对大学生最生动、最具体和最深远的教育。高校思想政治理论课教师在开展意识形态安全教育过程中，要坚守意识形态安全教育的原则和底线，坚持学术研究无禁区、课堂讲授有纪律，在教学过程中不得散布违背宪法和党的路线方针政策的错误观点和言论。同时，要高度警惕在思想政治理论课教学中模糊意识形态界限的倾向，对一些重大的理论问题或带有原则性、立场性问题决不能简单回避。要在教育教学过程中坚持正确的政治立场、鲜明的理论观点、科学的逻辑推理和丰富的事实论证；在思想和行动上"真学、真懂、真信、真用"马克思主义，"真做"马克思主义者，用教师的信念和行动引导和感染大学生的言行，进而保证思想政治理论课教学质量和效果的不断提升，确保思想政治理论课在大数据时代高校意识形态安全建设中主渠道作用的实现。

（三）创新高校意识形态教育方法

大数据时代，信息网络技术的迅猛发展给高校意识形态教育带来了深远的影响。现代信息网络技术的应用拓展了高校意识工作形态工作的领域，提供了意识形态工作的新形势和发展契机，提高了意识形态工作的科技含量和工作效率。可以预见，大数据时代，随着网络信息化建设的不断发展，以及网络技术的进一步拓展和完善，网络意识形态工作将日益显示出其强大作用。

大数据时代，随着网络文化的兴起，大学生通过网络随时可以查询到各种信息。信息内容具有开放性、不可控制性和虚拟性等特点。当今的高校教育空间已不再是相对封闭的课堂教育，而是经济、政治和文化多方面与国际接轨的开放式的教育环境。今天的教育对象不再是信息渠道单一的大学生，而是信息渠道来源广泛、思想观念比较复杂的特殊群体。随着网络在大学生学习生活的广泛普及，如果离开网络这一极具潜在实力的载体，主流意识形态的价值导向作用就会越发失去其自身的"话语权"，这就决定了高校意识形态教育必须具有开阔的视野和开放的胸怀，以一种开放的意识和精神推进高校意识形态教育的发展。传统的主流意识形态教育从内容到方法乃至教育者本身都面临一系列挑战。当前，高校意识形态教育还处在一个传统的模式中。这种模式把意识形态教育的过程看作对大学生施加外部影响的过程，而忽视了大学生自我判断、自我选择和自我教育的能力的培养，忽视学生的主体作用。大数据时代，高校意识形态教育要坚持主体性原则，教育方法要从追求他律到养成自律，以培养大学生的自律意识和自主能力为主，教会他们在复杂环境下在异质文化、多元价值观的碰撞中选择主流价值观。意识形态教育工作归根到底是教育者与受教育者彼此心灵撞击、沟通和升华的过程，离开尊重和理解，必然无法唤起受教育者的深层道德情感和道德冲突，从而不能真正达到教育的目的。因此，要创新高校意识形态教育方法，意识形态教育工作者既要深入大学生，注重沟通与学生的感情，搞好面对面、细致入微的思想工作，晓之以理、动之以情，又要组织各种形式的爱心活动，解决好学生最关心、最迫切需要解决的实际问题，把工作做到实处，以切实增强高校意识形态教育的时代性、针对性和实效性。

我们过去的主流意识形态宣传教育一直以"灌输"为主，虽然摸索出了演讲、报告会、专题讲座等行之有效的方法，但仍把主流意识形态教育理解为"自上而下"的"我说你听"的强制性说教，空讲大道理的夸夸其谈，使主流意识形态教育失去了应有的感染力。意识形态越少从外面直接"硬灌输"给群众，"而越多由他们通过自己亲身的经验去体验它，它就越会深入他们的心坎"①。当前，我国高校意识形态教育手段主要还是读文件、听大课、念报刊等。虽然一些高校建立了校园网站，但由于技术手段比较落后，现有的信息平台没有有效利用、网站内容陈旧、组织管理不得当，因此有效信息传播较慢，受众面窄，往往达不到预期的效果和目的。大数据时代，世界各国争相运用现代信息技术加强和改进意识形态传播方式。西方国家，尤其是美国，为了对社会主义国家进行"分化""西化"，不惜花费巨资，采用先进技术手段，

---

① 马克思、恩格斯：《马克思恩格斯选集》第 4 卷，人民出版社，1995，第 681 页。

不遗余力地传播自己的价值观念。20 世纪 50 年代以来的"美国之音"、现在的卫星直接电视广播和互联网，都是例证。中共中央、国务院《关于进一步加强和改进大学生思想政治教育的意见》中明确指出，要主动占领网络思想政治教育阵地。要全面加强校园网站建设，使网络成为弘扬主旋律、开展思想政治教育的重要阵地。为此，高校意识形态教育必须适应这一趋势，高度重视大数据时代信息网络发展对高校意识形态工作的影响，加快高校信息传播手段的更新和改造，积极掌握和运用现代传播手段，创新高校意识形态教育方法，实现意识形态教育信息化。高校应针对现有问题，制定相关的战略和规划，在人力、物力、财力等方面加大投入力度。坚持以人为本，摒弃空洞抽象的宣传口号和居高临下的说教口吻，把主流意识形态的价值理念通过通俗易懂的话语和喜闻乐见的方式，渗透到大学生的日常生活，使之在潜移默化中内化为大学生的思维方式、价值观念和行为准则。要避免单纯地把意识形态教育的理论知识搬到网页上进行机械的纯文字的教育宣传，要充分利用文字、图像、声音等多种方式在网络上表达意识形态教育的内容。把健康的、具有哲理的影视作品、戏剧放在网页上，把意识形态教育的内容用卡通、漫画和游戏的形式表达出来，把优秀的民族歌曲、健康的音乐放在网页上，让大学生在欣赏歌曲的同时感受到民族的、爱国主义的精神，增强民族凝聚力的同时，提高网上意识形态教育的感召力、渗透力和吸引力，吸引大学生网民在享受艺术的过程中接受教育，从而达到事半功倍的效果。同时，高校要改变以往高校意识形态教育仅仅是思想政治工作者和讲课教师的任务，使之成为整个学校的任务，贯穿学校工作的各个方面，贯穿教学、科研、管理工作的各个环节，逐渐形成科学的意识形态教育新局面。

（四）发挥党团组织作用

中国共产党是马克思主义武装起来的政党，只有始终坚持马克思主义在意识形态领域的指导地位，致力巩固和夯实马克思主义意识形态的安全，才能肩负起马克思主义意识形态建设的领导者和推动者的使命和重任。中国共产主义青年团是中国共产党领导的先进青年的群团组织，是广大青年在实践中学习中国特色社会主义和共产主义的学校，是中国共产党的助手和后备军。实践表明，充分发挥党团组织作用，是大数据时代高校意识形态安全建设的有效路径之一。

1. 切实发挥党组织的政治核心作用

意识形态是政党的思想武器，意识形态认同是政党获得力量的根本所在。一个政党是否能够代表本阶级的利益，关键看这个政党是否掌握了指导自己行为的思想体系。维护意识形态安全与执政党的历史使命是一致的，政党是把具有相同意识形态的人团结起来的工具。也就是说，只有以某种意识形态为基础的群体，才有可能成功地发展成一个政党。一个政党要取得政权并维持其统治地位，必须要有其"合法性"。所谓"合法性"指的是某种政治秩序被人认可的某种价值。在现代社会中，任何一个执政党都不会永远依靠暴力维持其统治，而必须使公众对其统治的价值从内心上加以认同，这是执政党执政的关键性指标。如果一个党的组织和制度被人们认可，它就具有了合法性，从而获得了存在的理由。反之，就将出现合法性危机，严重的甚至会丧失执政地位。执政党的意识形态在国家统治的过程中发挥着举足轻重的作用，不仅具有维持现存的政治和社会秩序的"天然职能"，而且借着各种文化和思想形态的手段，将该党意识形态体现的阶级内涵与价值诉求转化为全社会普遍认同的主流意识形态，既为政权提供合法性基础，也为提高政党的政治动员能力提供可靠的保证。

中国共产党是中国特色社会主义意识形态建设的领导者和推动者，在马克思主义意识形态建设的传播和创新方面承担着神圣的职责和使命。党的二十大报告指出，我们要坚持马克思主义在意识形态领域指导地位的根本制度，健全用党的创新理论武装全党、教育人民、指导实践的工作体系。[①] 为此，大数据时代高校意识形态安全建设要切实发挥党组织的政治核心作用，坚持党对马克思主义意识形态建设的绝对领导，提高党领导马克思主义意识形态建设的能力和水平。首先，加强党的政治领导，始终把握正确的政治方向。政治领导是党的领导的根本，具有决定性意义。毛泽东指出，"政策策略是党的生命"[②]。党的政治领导，就是路线、方针和政策的领导。党要加强大数据时代高校意识形态安全建设的政治领导，就要把握政治方向，坚持以马克思主义及其中国化成果为指导，不断推进马克思主义中国化和时代化，加强马克思主义意识形态的宣传教育，引导大学生培育和践行社会主义核心价值观，用马克思主义中国化的最新理论成果凝聚人心、引领社会，巩固马克思主义意识形态安全；要主动适应执政环境的发展变化，加强马克思主义意识形态的理论诠释能力，强化马克思主义意识形态的现代沟通能力，使马克思主义意识形态能够反映大多数人的利益、愿望和要求，以增强马克思主义意识形态的吸引力。同时，党要大力推动马克思主义意识形态建设的发展和创新，保持马克思主义意识形态的先进性，拓展马克思主义意识形态的包容性，坚持马克思主义意识形态的人民主体性，维护马克思主义意识形态的批判性，增强马克思主义意识形态内容体系的解释力、

---

① 习近平：《高举中国特色社会主义伟大旗帜 为全面建设社会主义现代化国家而努力奋斗——在中国共产党第二十次全国代表大会上的报告》，人民出版社，2022，第43页。

② 毛泽东：《毛泽东选集》第4卷，人民出版社，1991，第1298页。

表达方式的亲和力，强化马克思主义意识形态的引导力，充分发挥马克思主义意识形态控制、整合、引导、凝聚社会的作用，提高马克思主义意识形态的理论说服力和解决现实问题的能力。

高校党组织作为高校意识形态安全建设的领导核心，要始终坚持党管意识形态的原则，掌握意识形态主导权，坚持马克思主义在大数据时代高校意识形态安全建设中的指导地位，用马克思主义理论及其中国化最新成果引领指导大数据时代高校意识形态安全建设，引领大学生形成正确的个体意识和价值观体系，继而通过辐射和传承在全社会形成稳定的主流意识形态，为巩固党的执政地位和国家意识形态安全提供保障。

其次，加强党的思想领导，着力加强思想政治教育。党的思想领导，是按照辩证唯物主义和历史唯物主义的世界观和方法论，加强党的理论工作和思想政治工作，开展爱国主义和集体主义的教育，培养社会主义和共产主义的道德风尚的。邓小平指出，"我们说改善党的领导，其中最重要的，就是要加强思想政治工作"①。思想政治工作承担着构建社会主义政治文化、传播主导意识形态、提高执政党政治权威、增强社会政治认同的重大任务，是国家意识形态建设的主要渠道。加强党的思想领导，充分发挥思想政治工作的意识形态功能，引领社会思潮的正向发展变化，有利于提高马克思主义意识形态的社会化程度，促进马克思主义意识形态的科学发展。因此，加强党在高校意识形态安全建设中的思想领导，就是要加强党的思想理论建设，用党的思想政治教育形成社会共识，始终坚持以马克思主义指导思想引领社会前进的方向，引导社会大众坚定中国特色社会主义共同理想，用民族精神和时代精神激励全国人民，在全社会形成奋发向上的精神力量和团结和睦的精神纽带。

高校党组织要主动承担起大数据时代高校意识形态安全建设的领导

---

① 邓小平：《邓小平文选》第 2 卷，人民出版社，1994，第 365 页。

责任，坚持用发展着的马克思主义武装大学生的头脑，推进高校思想政治理论课的改革创新，建立一支政治坚定、思想敏锐、纪律严明、作风严谨的高校马克思主义意识形态舆论宣传队伍，加强对大数据时代高校意识形态安全建设的研究与创新，充分发挥社会主义核心价值体系在坚定理想信念，引导大学生树立民族精神和时代精神等方面的重要作用，强化大学生对马克思主义意识形态的接受和认同，有力巩固大数据时代高校意识形态安全。

最后，加强党的组织领导，充分发挥榜样示范作用。组织领导是政治领导和思想领导的保证。没有强有力的组织领导，党的政治领导和思想领导就会落空。实现党的组织领导，其基本途径是发挥党员干部的骨干作用、共产党员的先锋模范作用和基层党组织的战斗堡垒作用。新时代，我党面临长期执政的考验、改革开放的考验、市场经济的考验和外部环境的考验，面对精神懈怠的危险、能力不足的危险、脱离群众的危险和消极腐败的危险。因此，要切实加强党的组织领导，全面从严治党，以加强党的执政能力建设和先进性建设为根本任务，全面推进党的建设新的伟大工程，提高党的建设科学化水平，充分彰显党的领导的坚强性、党员的先进性、党组织的统一性、党的目标的共同性和党的行动上的一致性，切实担负起意识形态安全建设的引领责任，用党的先进性引领大学生对马克思主义意识形态的充分认同。高校党组织要进一步加强思想建设、组织建设、作风建设和队伍建设，健全和完善高校基层党组织的体制机制，充分发挥高校基层党组织在传播社会主义意识形态方面的积极作用，使高校基层党组织成为大数据时代高校意识形态安全建设的战斗堡垒，尤其要加强高校学生党员的作风建设，加强高校学生党员的先进性教育，创新对高校学生党员的教育内容和教育方式，强化他们的自身修养，引导和规范他们的思想和言行，用马克思主义意识形态武装他们的头脑，使他们成长为马克思主义意识形态的自觉实践者，为大学生认同和践行马克思主义意识形态提供榜样和示范。

2. 充分发挥共青团组织的职能作用

中国共产主义青年团是中国共产党领导的先进青年的群团组织，是广大青年在实践中学习中国特色社会主义和共产主义的学校，是中国共产党的助手和后备军。习近平总书记在庆祝中国共产主义青年团成立100周年大会上的讲话指出，坚定不移跟党走，为党和人民奋斗，是共青团的初心使命。一百年来，在党的坚强领导下，共青团不忘初心、牢记使命，走在青年前列，组织引导一代又一代青年坚定信念、紧跟党走，为争取民族独立、人民解放和实现国家富强、人民幸福而贡献力量，谱写了中华民族伟大复兴进程中激昂的青春乐章。共青团作为广大青年在实践中学习中国特色社会主义和共产主义的学校，要从政治上着眼、从思想上入手、从青年特点出发，帮助他们早立志、立大志，从内心深处厚植对党的信赖、对中国特色社会主义的信心、对马克思主义的信仰。要立足党的事业后继有人这一根本大计，牢牢把握培养社会主义建设者和接班人这个根本任务，引导广大青年在思想洗礼、在实践锻造中不断增强做中国人的志气、骨气、底气，让革命薪火代代相传！新时代，高校共青团组织首先要加强组织建设，要通过推动组织形态转型，以适应大数据时代的发展为方向，更好地适应大学生社会化的要求，在充分尊重大学生以及青年大学生组织主体意志基础上，构建新型的团组织和青年大学生的关系，通过凝聚共识来实现对大学生的价值引导，通过构建有计划的制度体系增强团组织的活力，切实加强高校共青团组织体系、组织制度和团干部队伍建设，进一步增强高校共青团组织对大学生的吸引和凝聚，从而更好地履行高校共青团组织在大数据时代高校意识形态安全建设中的职能，切实发挥高校共青团组织对大学生的思想引领作用，教育和引导大学生接受和认同社会主义意识形态，从而巩固和强化大数据时代高校意识形态安全。

其次要组织开展丰富多彩的主题活动。团组织主题活动是新时代大学生接受和认同马克思主义意识形态的重要载体。高校共青团组织要紧扣时代发展脉搏，贴近大学生的文化需要，发挥大学生的主体作用，广泛开展内容丰富、形式新颖的主题活动，增强校园文化的思想性、知识性和艺术性，使大学生在寓教于乐中陶冶情操、提升境界。要不断创新活动方式，探索和创新运用新媒体、自媒体等方式，如博客、播客、微信等载体，举办重要节日、重大历史事件和重要历史人物的纪念和庆典活动，利用网络平台及时发布符合大学生特点、具有社会主义核心价值观内涵的文化作品，开展健康向上的网络话题互动，向大学生传递意识形态安全方面的信息，使大学生在参与活动的过程中受到润物细无声的滋养、教育和熏陶。

最后要创新高校团组织思想政治工作。高校共青团组织在高校意识形态安全建设中承担着导向、组织、教育和引领的重要职能，重点是坚持用马克思主义意识形态引导大学生树立正确的世界观、人生观和价值观。大数据时代，高校共青团组织要打破传统的教育方式，创新开展思想政治工作，着力打造学习型、创新型和服务型团组织，充分发挥高校基层团组织的教育引导作用，在教育过程中注重关心和服务大学生，倾听他们的呼声，对大学生倾注真情、真爱和真心，着力加强对大学生的职业生涯规划、就业指导和创新创业教育，培养、锻炼和提升大学生的综合素质和社会竞争力，通过细致入微的思想政治工作解决大学生的现实困难和具体问题，把意识形态安全教育的目的和内容渗透和融入大学生的日常生活，使大学生不知不觉地接受意识形态安全教育，得到内心的温暖，情操的陶冶和哲理的启迪，自觉把意识形态安全教育的内容转化为大学生易于接受的思想观念和自觉行动。

（五）加强高校意识形态工作队伍建设

意识形态工作是由具体的人承担的，意识形态工作队伍的素质和能力如何直接关系到意识形态工作的成效。在任何社会中，意识形态建设都不是由全体统治阶级成员承担的，而是由一支专业化的队伍来进行的。正如马克思所说："在这个阶级内部，一部分人是作为该阶级的思想家而出现的，他们是这一阶级的积极的、有概括能力的幻想家，他们把编造这一阶级关于自身的幻想当作主要的谋生之道；而另一些人对于这些思想和幻想则采取比较消极的态度，他们准备接受这些思想和幻想，因为在实际中他们是这个阶级的积极成员，很少有时间来编造关于自身的幻想和思想。"① 这支专业化队伍承担着完善主流意识形态理论，宣传主流意识形态思想，教化社会大众和批判错误的意识形态观点，维护主流意识形态主导地位的重任。要牢牢掌握意识形态工作管理权和领导权，使主流意识形态深入人心，就必须培养和造就一支高素质的意识形态工作队伍，这是做好意识形态工作的重要保障。

习近平总书记在 2019 年 3 月 18 日主持召开学校思想政治理论课教师座谈会。他强调，办好思想政治理论课，最根本的是要全面贯彻党的教育方针，解决好培养什么人、怎样培养人、为谁培养人这个根本问题。办好思想政治理论课关键在教师，关键在发挥教师的积极性、主动性、创造性。思政课教师，要给学生心灵埋下真善美的种子，引导学生扣好人生第一粒扣子。习近平总书记强调，要配齐建强思政课专职教师队伍，建设以专职为主、专兼结合、数量充足、素质优良的思政课教师队伍。思政课教师"政治要强""情怀要深""思维要新""视野要广"

---

① 马克思、恩格斯：《马克思恩格斯选集》第 1 卷，人民出版社，1995，第 99 页。

"自律要严""人格要正"，这"六要"是对思政课教师综合素质的精辟概括，也为思政课教师帮助学生破解重大理论问题和实践问题、在心灵深处坚定信仰提供了方向指导和根本遵循。

2004 年，中共中央、国务院在《关于进一步加强大学生思想政治教育的意见》中指出，大学生思想政治教育工作队伍主体是高等学校党政干部和共青团干部，思想政治理论课教师和哲学社会科学课教师，辅导员和班主任。这三支队伍中辅导员（班主任）是处于学生思想政治工作第一线的主要组织者与教育者，特别是专职辅导员，他们的工作直接关系到学生思想政治工作是否落到实处。由此可见，辅导员队伍、思想政治理论课教师和日常思想政治教育工作干部，这三支队伍是大学生意识形态教育的核心力量，是高校意识形态教育得以有效实施的重要保证。大数据时代要加强高校意识形态安全建设，必须加强这三支意识形态教育队伍建设。这支队伍应该既掌握丰富的马克思主义理论，又熟悉现代的信息网络技术。要按照"政治强、业务精、作风正"的要求，切实加强高校意识形态工作队伍建设。具体来说，一是这支队伍要具有深厚的马克思主义理论修养，不仅能够准确地表达和阐述马克思主义理论，而且是马克思主义坚定的信仰者，坚定共产主义信念，具有马克思主义的价值观、道德观和自觉维护这种价值观的责任感。为此，意识形态教育工作者必须提高自身理论素质，只有在广博的知识基础上，才能形成创新理念，确定创新思路。时代在前进，知识在更新。大数据时代下高校意识形态教育工作者要具备扎实的马克思主义理论功底，广博的知识，并形成多棱角的知识结构，使自己的知识水平和思想境界始终处在时代的前沿。二是要具有较高的信息素质。大数据时代，意识形态工作者必须具备良好的信息素质，即具备优秀的信息意识、信息能力和良好的信息道德。意识形态教育者只有具备了优秀的信息意识和能力，才能了解网络环境，并从网上获取意识形态信息，了解大学生的思想动态，并把其用于教育和管理工作之中。而只有具备了良好的信息道德，才能自觉规范地维护网络信息法律规范，成为合格的意识形态教育工作者。高校要加强对意识形态教育工作者的业务培训，不断更新和完善其知识结构，并根据大数据时代的要求，在信念坚定、理论提升和学术拓展等方面通过有计划有步骤地组织相关培训，提高业务素质和能力，使意识形态教育工作者掌握并能很好地运用意识形态教育方法，创造性地开展工作。三是要有高度的政治敏锐感和政治鉴别能力，能够以敏锐的思维、敏捷的行动，积极有效地开展工作。大数据时代，意识形态教育者要转变马克思主义理论教育的思维方式，要把传统思维与现代思维方式结合起来，不断培养适应大数据时代发展的思维方式。四是要按照"引得来、留得住、用得好"的原则，建立健全高校意识形态队伍管理机制。推行公开竞争、能上能下、充满活力的用人机制。要随时掌握好高校意识形态教育工作队伍的动态，努力营造有利于优秀人才的良好环境。高校要建立保障机制，提高高校意识形态教育工作者的政治地位和生活待遇，切实帮助他们解决工作和生活中遇到的各种困难和问题，如进修培训、职称晋升、提高工资待遇等。通过各种途径储备人才，稳定队伍，并建立有效奖惩机制，充分发挥人才的积极性、主动性和创造性，使高校意识形态教育工作者能够真正爱岗敬业，从而形成一支稳定、业务能力强、理论功底扎实、政治立场坚定的高校意识形态教育工作队伍。

（六）健全高校意识形态安全建设管理体制

大数据时代，一个国家文化法律制度的完善与文化管理体系的健全对该国的文化安全具有重要意义。拥有完善的文化法律制度与健全的文化管理体系才能为文化发展创造一个良好的环境，才能保证本国文化机构正常发挥功能，也才能有效抵制来自国内国外的各种干扰。大数据时代，高度发达的信息网络为人们最大限度地共享信息资源提供了坚实的技术基础，但同时，也为非法获取信息资源提供了可能。虽然可以通过加密技术和防火墙技术在一定程度上保证信息系统和信息网络的安全，但从根本上说，信息加密保护技术跟不上信息应用技术的发展，信息系统的绝对安全是不可能的。为了维护国家安全，保卫人民民主专政的政权和中国特色社会主义制度，保护人民的根本利益，保障改革开放和社会主义现代化建设的顺利进行，实现中华民族伟大复兴，2015 年 7 月 1日，第十二届全国人民代表大会常务委员会第十五次会议通过了新的《国家安全法》，国家主席习近平签署第 29 号主席令予以公布。法律对政治安全、国土安全、军事安全、文化安全、科技安全等 11 个领域的国家安全任务进行了明确。《国家安全法》第二章"维护国家安全的任务"第 25 条明确规定："国家建设网络与信息安全保障体系，提升网络与信息安全保护能力，加强网络和信息技术的创新研究和开发应用，实现网络和信息核心技术、关键基础设施和重要领域信息系统及数据的安全可控；加强网络管理，防范、制止和依法惩治网络攻击、网络入侵、网络窃密、散布违法有害信息等网络违法犯罪行为，维护国家网络空间主权、安全和发展利益。"《国家安全法》的颁布，对于网络健康发展，保证社会健康稳定发展，以及高校意识形态安全建设具有重要的意义。

当前，高校意识形态教育工作在体制和机制建设上存在内部管理体制不够顺畅，机制不健全，领导不重视等问题。因此，必须健全高校意识形态安全建设管理体制，建立健全高校党委统一领导、党政齐抓共管、专兼职队伍相结合、有关部门各负其责、全社会大力支持的管理体制，保障高校意识形态教育工作的长效性和连续性。首先，高校党委要统一领导大学生意识形态教育工作，对意识形态教育做出全面部署和安排。党委书记和校长要对大学生德智体美的全面发展负责，把意识形态教育与教学、科研和社会服务工作结合起来，进行统一部署、检查和评估。高校各部门要明确各自责任，密切协作，要把倡导主流意识形态作为分内工作，建立健全有效的激励约束机制，注重在日常管理中体现价值导向，切实完成相应任务，从而使符合主流意识形态的行为得到鼓励，违背主流意识形态的行为受到制约。其次，充分发挥学生党组织的政治优势、思想优势和组织优势，发挥共青团组织作为党的助手和后备军的作用，发挥学生会、研究生会作为党联系青年大学生的桥梁纽带作用，发挥学生社团及其他学生新型组织的自我教育功能，不断扩大大学生意识形态教育的影响力。再次，高校要加强服务和管理，方便学生学习和生活。改善高校办学条件，提高教育教学质量，改进管理方式，提高服务水平，多为大学生办实事、办好事。高校要切实加强学生宿舍、食堂和活动中心的建设和管理，不断满足学生对学习和生活等方面的合理要求。从严治教，加强管理。最后，高校要完善大学生意识形态教育工作的经费保障机制。各级财政要将大学生意识形态教育经费列入部门预算。各高校要统筹安排各项支出，各级财政要给予支持，保证意识形态教育工作的顺利开展。高校应不断加强网上主流意识形态安全的建设和管理，紧紧抓住加强规划、完善制度、规范管理和充实队伍等关键环节，立足于构建高校意识形态安全建设长效机制，以实现网上主流意识形态教育的科学化、制度化和规范化，主动抢占网络意识形态教育阵地。尤其是要进一步贯彻落实教育部《关于加强高校思想政治教育进网络工作的若干意见》的精神，适应大数据时代发展的新要求，充分利用网络技术手段拓展意识形态教育工作领域，开辟新的意识形态教育和主流意识形态宣传工作阵地，抵制西方意识形态的渗透。

（七）优化高校意识形态安全建设环境

大数据时代，高校意识形态安全建设不仅需要从内部挖掘潜力，培养队伍，完善理论内容和教育方式，整合舆论阵地，也必须从外部优化意识形态建设的环境。马克思认为："人创造环境，同样，环境也创造人。"① 环境是人类生存和发展的前提条件。人改变环境，环境也改变着人。良好的意识形态建设环境本身就是意识形态最好的宣传载体，能够潜移默化地影响人、感染人、熏陶人，使人在不知不觉中实现对主流意识形态的认同。当意识形态宣传的理念符合人们现实世界的经验感悟时，就能得到人们的认同；反之，当环境给人们的现实感受与意识形态宣传的理念不符合时，人们则会怀疑和否定主流意识形态。习近平总书记指出："随着形势发展，党的新闻舆论工作必须创新理念、内容、体裁、形式、方法、手段、体制、机制，增强针对性和实效性。要适应分众化、差异化传播趋势，加快构建舆论引导新格局。要推动融合发展，主动借助新媒体传播优势。要抓住时机、把握节奏、讲究策略，从时、度、效着力，体现时、度、效要求。"因此，高校必须坚持正确的舆论导向，争取主动权，唱响网上主旋律，优化高校意识形态安全建设环境，使主流意识形态深入大学生内心。

主流意识形态的宣传教育要通过语言和符号、通过文化的形式来表达和传播，必须借助一定的舆论阵地为媒介。媒介在意识形态的传播中起着重要作用，是意识形态的主阵地。大众传播媒体以现代科技为依托，具有传播速度快、覆盖范围广、渗透力强等优势，可以使巨量信息传递到四面八方，"在今天这个信息时代，是制造、传播意识形态最重

---

① 马克思、恩格斯：《马克思恩格斯选集》第 1 卷，人民出版社，1995，第 92 页。

要的、最有效的渠道"①。当前，我们对大众传播媒介的管理体制还不完善，对报纸、书籍、杂志、广播和电视等管得过严，而对互联网等新兴媒体缺乏有效管理。大众传播媒介更多重视经济效益而忽视社会效益，主旋律的作品粗制滥造，而迎合受众低级趣味、经济效益好的作品则浓墨重彩，拜金主义、享乐主义在无形中被大肆渲染，对主流意识形态造成了严重冲击。因此，在主流意识形态建设中，我们必须进一步完善大众传播媒介的管理体制，打造创新平台，多出高质量的主旋律作品，整合舆论阵地，把体现党的主张和反映人民心声统一起来，不断提高主流意识形态宣传教育水平，把抽象的理论和价值观融化在具体的学习、工作和生活环境中，使人们在耳濡目染中自然而然地接受主流意识形态。要充分发挥媒介的力量，占领文化市场，推动中华文化更好地走向世界，从而为高校主流意识形态的宣传创造良好的媒介环境。

校园文化是高校意识形态安全建设的载体。高校校园文化作为反映社会意识的大熔炉，总是通过营造浓厚的意识形态氛围，依托导向、约束、激励、整合和辐射等功能的发挥，把社会主导的思维方式和信念、价值观传输给大学生，潜移默化地熏陶和影响大学生个体或群体的思想，使他们将这种精神文化内涵上升为自己的思想自觉意识和行为，并坚持用这种标准与规范要求自己的言行。文明高雅的校园文化能够丰富大学生的人文知识，提高大学生的人文素质，提升大学生的道德品位。高校校园环境得到优化，管理体制得到健全，生活在校园里的高校师生的学习和生活才能稳定有序地进行。一是坚持以社会主义核心价值体系统领校园文化。社会主义核心价值体系是我国社会主义意识形态的本质，是社会主义制度的内在精神。大数据时代高校意识形态安全建设要坚持以马克思主义为指导，坚持以社会主义核心价值体系统领高校校园

---

① 李希光、刘康等：《妖魔化与媒体轰炸》，江苏人民出版社，1999，第184页。

文化，把马克思主义中国化成果贯穿校园文化的方方面面，牢牢把握高校校园文化建设前进方向。高校要依托中华优秀传统文化奠定高校校园文化建设的内在价值基础，借助世界优秀文明成果创设高校校园文化建设的外部价值平台，提升高校校园文化的品位。建立尊重、关心和支持师生发展的文化模式和高效务实的文化建设运行机制，建设具有中国特色、体现时代精神要求的大学文化，培育和弘扬大学精神，确保高校校园文化建设能够始终站在社会主义先进文化的前沿，凸显高校校园文化的思想引导力。同时，在高校校园文化建设中要突出马克思主义理论教育，引导大学生学会运用马克思主义的立场、观点和方法分析和解决问题；要突出中国特色社会主义理想教育，引导大学生自觉将个人理想和追求融入实现中华民族伟大复兴的伟大实践，彰显高校校园文化的理想感召力；要突出民族精神和时代精神在新时代大学生中的弘扬和培育，唱响以爱国主义为核心的民族精神和以改革创新为核心的时代精神这一主旋律，提升高校校园文化的精神凝聚力；要倡导树立和践行社会主义荣辱观，把社会主义荣辱观教育渗透到新时代大学生的学习和生活中，引导大学生牢固树立和认真践行社会主义荣辱观，强化高校校园文化的道德约束力。大数据时代高校意识形态安全建设面临多元文化的冲击与碰撞。高校要充分尊重现代社会生活的多样性和丰富性，承认各类文化之间的交融性和共生性，加强高校主导文化与大众文化、外来文化之间的交流与融合，弘扬优秀传统文化，传播先进文化，整合外来文化，使高校校园文化在多元文化共生的环境中储备丰富的文化资源，把多元文化的价值取向整合到社会主义核心价值体系上来。二是开展丰富多彩的校园文化活动。校园文化活动是高校校园文化精神的外在表现，是开展大数据时代高校意识形态安全建设的重要载体。校园文化活动要体现社会主导文化的先进性、高雅性和卓越性，彰显社会主导文化高远的价值导向和激励功能，唱响社会主义核心价值体系的主旋律。高校要将主流意识形态教育融入文娱活动，使大学生在美感欣赏和情感体验中受到潜意识和形象化教育，把枯燥的思想灌输变为充满趣味的心理体验，主流意识形态教育会更有成效。高校要充分利用大众文化关注大学生的价值取向，强化校园文化活动的亲切感，使大学生在感觉亲近的校园文化中潜移默化受到意识形态安全教育。要在高校党委的领导下，把高校校园文化活动与国家经济建设、社会发展和学校人才培养目标紧密联系起来，充分发挥高校团委、学生社团组织的作用，突出大学生的主体性和创造性，激发他们的主体意识和参与意识，利用重大节庆日和纪念日，精心设计和组织开展内容丰富、健康向上的文化活动，实现"文以载道""以文化人"，使大学生在丰富多彩的校园文化活动中强化对马克思主义意识形态的认同。三是加强高校校园文化环境建设。"教育始终摆脱不了日常情境的权宜性和紧迫性"①，提升大数据时代大学生对马克思主义意识形态的认同，帮助他们有效抵制各种非主流意识形态的侵袭，建设良好的校园文化环境至关重要。高校要加强对校园文化环境的总体规划，统筹校园物质文化环境、学术文化环境、社团文化环境和媒体舆论环境建设，使高校校园文化环境体现出知识化、艺术化和人文化，呈现出以人为本的浓厚氛围。同时，要加强校园文化设施建设，加大对高校校园文化设施的投入力度，充分利用学校的校训标牌、宣传橱窗、草坪、雕塑等传递意识形态安全教育方面的内容和信息，从而将校园文化设施与寓情寓教结合起来，将抽象的内容形象化、具体化，加深大学生对马克思主义意识形态的认知和认同。高校要以创建优良校风、教风和学风为中心，坚持教书育人、管理育人、服务于人，大力加强高

①　［法］爱弥尔·涂尔干：《道德教育》，陈光金等译，上海人民出版社，2006，第2页。

校的校风、教风和学风建设，积极创造良好的校园政治环境、学术环境和道德环境，加强教学管理，严格学校纪律，弘扬校园文化精神，努力打造爱国进步、民主活泼、健康向上、文明示范的精神家园。高校要切实加强对校报、校内广播电视和出版社的建设和管理，加强对哲学社会科学研讨会、论坛等的管理，绝不给错误思潮和言论提供传播渠道，坚决抵制各种腐朽思想对大学生的侵蚀，从而巩固马克思主义在高校意识形态领域的指导地位。高校要大力宣传科学思想，弘扬科学精神，严格禁止在学校传播宗教，积极开展"文明学校"创建活动，为高校意识形态安全建设营造良好的校园文化氛围。

当前，面对日趋严峻的就业形势和意识形态领域各种社会思潮的激烈碰撞，部分大学生感到迷茫和无所适从，部分心理素质较差的大学生便产生了一些心理问题，进而影响了他们正常的学习和生活。对此，高校应建立和健全校园保障体系，使思想上和心理上有问题的同学得到帮助，使他们走出困境。同时，要完善校园心理疏导机制，在心理疏导的过程中加强对青年大学生的思想教育，使其形成健康的心理和健全的人格。和谐校园有利于意识形态教育的开展，培养大学生正确的政治信仰。在和谐的校园文化环境成长的大学生，更容易接受主流意识形态，最终成为中国特色社会主义的建设者和接班人。

结　　论

　　伴随着信息社会的不断发展，新兴媒体的影响越来越大。我国网民达到 10.67 亿人，其中，手机网民占比 98.3%。新闻客户端和各类社交媒体成为很多干部群众特别是青年人的第一信息源，而且每个人都可能成为信息源。大数据时代的到来，影响着我们每个人的生活，也使高校意识形态安全建设面临严峻的考验。正如习近平总书记所说，目前我们正经历着"世界百年未有之大变局"。今天高校意识形态安全建设也要跟上时代、不断创新，而青年教师则要主动担负起这一时代使命。青年大学生关心社会、关心政治，深知自己肩上的重担，对"中国道路"有更多思索。这就要求高校意识形态教育工作者要适应大数据时代的节奏，利用大数据技术实现对信息的采集、挖掘和分析，及时有效地了解大学生思想动态和学习生活情况，并对网络舆情进行监测与引导，有效预防网络舆情危机的产生。高校意识形态教育的革新需要进行形式上的革新，要持续地探索教学内容上的革新，要尝试在全球化视野中讲中国的道路，在历史的曲折前进中讲共产党的探索，用他们熟悉的方式讲故事，更要将故事里的"道理"讲深刻。真正入脑入心的意识形态教育要做到"内容为王"，在课堂教学中让学生有"获得感"，才是意识形态教育的"金课"。同时，高校要抓住思想政治理论课教师这个关键，充分发挥思想政治理论课教师的主体性。找准和破除制约思想政治理论课教师积极性、主动性、创造性发挥的体制、机制，解决好教师的后顾之忧，解放和发展好教师教的能力，使思想政治理论课教师从"要我教"变成"我要教"，培养一支可信、可敬、可靠，乐为、敢为、有为的意识形态教育队伍，做好大数据时代高校意识形态安全建设工作。

参考文献

中文文献

［1］马克思、恩格斯:《马克思恩格斯全集》第 42 卷，人民出版社，1979。

［2］马克思、恩格斯《马克思恩格斯选集》第 1 卷，人民出版社，1995。

［3］马克思、恩格斯《马克思恩格斯选集》第 2 卷，人民出版社，1995。

［4］马克思、恩格斯《马克思恩格斯选集》第 3 卷，人民出版社，1995。

［5］马克思、恩格斯《马克思恩格斯选集》第 4 卷，人民出版社，1995。

［6］列宁:《列宁选集》第 1 卷，人民出版社，1995。

［7］毛泽东:《毛泽东选集》第 2 卷，人民出版社，1991。

［8］毛泽东:《毛泽东选集》第 3 卷，人民出版社，1991。

［9］邓小平:《邓小平文选》第 3 卷，人民出版社，1993。

［10］江泽民:《江泽民论社会主义精神文明建设》，中央文献出版社，1999。

［11］江泽民:《江泽民文选》第 1 卷，人民出版社，2006。

［12］江泽民:《江泽民文选》第 2 卷，人民出版社，2006。

［13］江泽民：《江泽民文选》第 3 卷，人民出版社，2006。

［14］胡锦涛：《胡锦涛文选》，人民出版社，2016。

［15］习近平：《习近平谈治国理政》，外文出版社，2014。

［16］习近平：《习近平总书记系列重要讲话读本》，人民出版社，2014。

［17］习近平：《习近平总书记系列重要讲话读本》，人民出版社，2016。

［18］习近平：《习近平谈治国理政》，中共中央文献出版社，2014。

［19］中共中央文献研究室：《十七大以来重要文献选编》上册，中央文献出版社，2008。

［20］中共中央文献研究室：《十七大以来重要文献选编》中册，中央文献出版社，2011。

［21］中共中央文献研究室：《十七大以来重要文献选编》下册，中央文献出版社，2013。

［22］中共中央文献研究室：《十八大以来重要文献选编》上册，中央文献出版社，2014。

［23］《中国共产党第十八次全国代表大会文件汇编》，人民出版社，2012。

［24］本书编写组：《加强意识形态工作大参考》，红旗出版社，2011。

［25］陈万柏：《思想政治教育载体论》，湖北人民出版社，2003。

［26］陈锡喜：《意识形态》，中国人民大学出版社，2018。

［27］董汉忠：《新时期意识形态工作的理论和实践》，红旗出版社，2007。

［28］樊浩等：《中国大众意识形态报告》，中国社会科学出版社，2010。

［29］冯刚：《新形势下意识形态相关问题研究》，光明日报出版

社，2015。

[30] 郭明飞：《网络发展与我国意识形态安全》，中国社会科学出版社，2009。

[31] 郭文亮：《加入 WTO 与中国社会主义意识形态发展研究》，中山出版社，2005。

[32] 侯惠勤：《马克思的意识形态批判与当代中国》，中国社会科学出版社，2010。

[33] 季广茂：《意识形态》，广西师范大学出版社，2011。

[34] 金振邦：《从传统文化到网络文化》，东北师范大学出版社，2001。

[35] 蒯正明：《中国共产党维护意识形态安全研究》，中央文献出版社，2016。

[36] 李玉环：《高校意识形态教育若干问题研究》，天津人民出版社，2008。

[37] 刘慧、李艳：《当代中国意识形态安全现状与路径选择》，中国社会科学出版社，2015。

[38] 刘建军：《马克思主义信仰》，中国人民大学出版社，1998。

[39] 刘明君、郑来春、陈少岚：《多元文化冲突与主流意识形态构建》，中国社会科学出版社，2008。

[40] 陆学艺：《当代中国社会阶层研究报告》，社会科学文献出版社，2002。

[41] 马克思：《马克思主义基本原理概论》，高等教育出版社，2004。

[42] 毛林根、张凤奎：《马克思主义在当代中国的新发展》，解放军出版社，2005。

[43] 农华西等：《意识形态与核心价值体系建设》，湖南人民出版社，2007。

［44］曲士英、牛涛、陈宏伟：《马克思主义意识形态与国家文化安全》，浙江工商大学出版社，2013。

［45］宋惠昌：《当代意识形态研究》，中共中央党校出版社，1993。

［46］童世骏：《意识形态新论》，上海人民出版社，2006。

［47］涂子沛：《大数据》，广西师范大学出版社，2015。

［48］汪国培：《全球化视域中的高校意识形态教育》，苏州大学出版社，2006。

［49］王长江：《现代政党执政规律研究》，上海人民出版社，2002。

［50］王建华：《高校思想政治工作概论》，南京大学出版社，1997。

［51］王永贵等：《经济全球化与社会主义意识形态建设研究》，人民出版社，2005。

［52］温兆标：《大学生主流意识形态教育创新研究》，中国文史出版社，2012。

［53］吴琦：《意识形态与国家安全》，华中师范大学出版社，2011。

［54］谢海光：《互联网与思想政治教育工作概述》，复旦大学出版社，2000。

［55］徐成芳：《坚持马克思主义在意识形态领域指导地位研究》，人民出版社，2017。

［56］许国彬：《经济全球化与思想政治教育》，华南理工大学出版社，2006。

［57］杨海英：《社会主义意识形态创新研究》，中共中央党校出版社，2005。

［58］杨立英等：《全球化、网络化境遇与社会主义意识形态建设研究》，人民出版社，2006。

［59］杨生平：《论马克思主义的意识形态理论的形成和研究》，首都师范大学出版社，1998。

［60］杨亚华：《当代大学生核心价值观研究》，人民出版社，

2011。

[61] 杨永志、吴佩芬等:《互联网条件下维护我国意识形态安全研究》,南开大学出版社,2015。

[62] 余双好:《新当代社会思潮对高校师生的影响及对策研究》,中央编译出版社,2013。

[63] 俞吾金:《意识形态论》,上海人民出版社,1993。

[64] 张果:《当代大学生意识形态安全教育研究》,人民出版社,2015。

[65] 张耀灿、郑永廷、刘书林等:《现代思想政治教育学》,人民出版社,2001。

[66] 郑永廷:《社会主义意识形态研究》,广州:中山大学出版社,1999。

[67] 郑珠仙等:《国家意识形态安全与大学生社会主义核心价值观教育研究》,人民出版社,2014。

[68] 周宏:《理解与批判——马克思意识形态理论的文本学研究》,上海三联书店2003。

[69] 朱继东:《新时代党的意识形态思想研究》,人民出版社,2018。

[70] 朱孔军:《高校意识形态工作研究》,中山大学出版社,2015。

[71] [美] E. 雷迅马:《作为意识形态的现代化:社会科学与美国对第三世界政策》,牛可译,中央编译局出版社,2003。

[72] [美] 奥托·纽曼:《信息时代的美国梦》,凯万译,社会科学文献出版社,2002。

[73] [美] 丹尼尔·贝尔:《意识形态的终结:五十年代政治观念衰微之考察》,张国清译,中国社会科学出版社,2001。

[74] [美] 理查德·斯皮内洛:《铁笼,还是乌托邦网络空间的道德与法律》,李伦等译,北京大学出版社,2007。

［75］［美］塞缪尔·P. 亨廷顿：《变化社会中的政治秩序》，王冠华等译，上海三联书店，1989。

［76］［美］詹姆斯·E. 凯茨、罗纳德·E. 莱斯：《互联网使用的社会影响》，郝芳等译，商务印书馆，2007。

［77］［英］大卫·麦克里兰：《意识形态》（第2版），孔兆政、蒋龙翔译，吉林人民出版社，2005。

［78］［英］大卫·麦克里兰：《意识形态》，孔兆政、蒋龙翔译，人民出版社，2005。

［79］［英］诺顿：《互联网：从神话到现实》，朱萍译，江苏人民出版社，2000。

［80］［英］汤普森：《意识形态理论研究》，郭世平译，社会科学文献出版社，2013。

［81］［英］维克托·迈尔—施恩伯格 肯尼思·库克耶：《大数据时代》，盛杨燕、周涛译，浙江人民出版社，2013。

［82］［英］约翰·B. 汤姆森：《意识形态与现代文化》，高铦等译，凤凰出版传媒集团译林出版社，2012。

［83］习近平：《习近平在全国高校思想政治工作会议上强调：把思想政治工作贯穿教育教学全过程 开创我国高等教育事业发展新局面》，《人民日报》2016年12月9日。

［84］艾四林：《在回答重大问题中发展马克思主义》，《求是》2015年第7期。

［85］段虹：《略论大数据分析与高校意识形态安全建设》，《思想理论教育导刊》2018年第11期。

［86］林建华：《我国意识形态安全的新时代意蕴和旨归》，《当代世界与社会主义》2018年第12期。

［87］李楠：《国家意识形态安全视域下中华优秀传统文化的传承和弘扬》，《思想理论教育导刊》2019年第4期。

［88］布超：《全媒体时代维护我国意识形态安全面临的新挑战》，《学校党建与思想教育》2019 年第 4 期。

［89］徐世甫：《新时代网络舆论引导缺场生成的意识形态安全问题》，《毛泽东邓小平理论研究》2018 年第 11 期。

［90］庞超：《意识形态安全视域下历史虚无主义批判的基本路向》，《马克思主义与现实》2018 年第 7 期。

［91］石奎：《"微舆论场"中主流意识形态安全问题研究》，《广西社会科学》2018 年第 6 期。

［92］贾自军：《美国利用"网络自由"侵蚀我国意识形态安全》，《世界社会主义研究》2018 年第 3 期。

［93］刘兴华：《以强大软实力确保网络空间的意识形态安全》，《红旗文稿》2018 年第 4 期。

［94］谭向阳：《高校意识形态安全文化生态建设的困境与路径》，《学校党建与思想教育》2018 年第 3 期。

［95］刘力波：《网络无政府主义对我国意识形态安全的威胁及我们的应对》，《马克思主义研究》2019 年第 2 期。

［96］舒刚：《新媒体语境下教育舆情治理与意识形态安全》，《中国高等教育》2019 年第 1 期。

英文文献

［1］A. Gramsci, *Selections from Prison Notebook* (London：Lawrence & Wishart, 1973).

［2］Daniel Bell, *The Cultural Contradictions of Capitalism* (New York：Basic Books, 1976).

［3］D. Mclellan, *Marxism after Marx* (London：Macmillan, 1979).

［4］E. Fromm, *Beyond the Chains of Illusion* (New York：Simon and

Schuster, 1962).

[5] E. Laclau and C. Mouffe, *Hegenomy and Social Strategy* (London: Verso, 1985).

[6] G. Lukacs, *History and Class Consciousness* (Cambridge: The MIT Press, 1971).

[7] G. Lukacs, *Zur Ontologie des Gesellschaftlichen Seins* (2. *Halbband*) (Darmstadt: Hermann Luchterhand Verlag, 1986).

[8] G. Petrovic, *Max in the Mid – twentieth Century* (New York: Anchor Books, 1967).

[9] G. Thomson, *From Marx to Mao Tse – Tung* (London: China Policy Group, 1977).

[10] Hans Barth, *Wahrheit und Ideologie* (Frankfyrt: Suhrkamp Verlag, 1961).

[11] H. D. Aiken, *The Age of Ideology* (New York: A Meridian Book, 1956).

[12] H. Marcuse, *Studies in Critical Philosophy* (Boston: Beacon Press, 1973).

[13] I. Fetscher, *Marx And Marxism* (New York: Herder And Herder, 1971).

[14] J. G. *Merquior*, *Western Marxism* (London: Granada Publishing LTD, 1986).

[15] K. Korsch, *Marxism and Philosophy* (New York: NLB, 1970).

[16] K. Mannheim, *Ideologie und Utopie* (Frankfurt an Main: Vittorio Klostermann GMbH, 1985).

[17] K. Mannheim, *Ideology and Utopia*, (London: Routledge and Kegan Paul, 1955).

[18] K. Marx and F. Engeles, *Ausgewaehlte Werke* (*Band*1) (Berlin:

Dietz Verlag, 1989).

[19] K. Misra, *From Post - Maoism To Post - Marxism* (New York: Routledge, 1998).

[20] Kyrt Lenk, *Marx in der Wissenssozioiologie* (Berlin: Hermann Luchterhand Verlag, 1972).

[21] L. Althusser, *For Marx* (London: NLB , 1977).

[22] L. Kolakowski, *The Main Currents of Marxism* (*Volume*3) (London, 1978).

[23] L. Wittgenstein, *Werkegabe Band* 1 (Frankfurt an Main: Suhrkamp Verlag, 1988).

[24] M. Rubel, *On Karl Marx* (New York: Vail-Ballou Press, Inc, 1981).

[25] P. Anderson, *Consideration on Western Marxism* (London: NLB, 1977).

[26] P. Collins, *Ideology Afer The Fall of Communism* (London: Boyars, 1993).

[27] R. Garaudy, *Marxismus im 20 - Jahrhundert* (Hamburg: Rowohlt, 1972).

[28] Richards Jenkins, *Social Identity* (London: Routledge Publishing Group, 1996) .

[29] S. Hook, *Marxism and Beyond* (New Jersey: Rowman And Littlefield, 1983).

[30] T. Nathan, *Ideologie, Sexualitaet und Neurose* (Frankfurt an Main: Suhrkamp Verlag, 1979).

[31] U. Melotti, *Marx and The Third World* (London: The Macmillan Press LTD, 1977) .